Índice

CLAN 7 INICIAL

Libro de los números

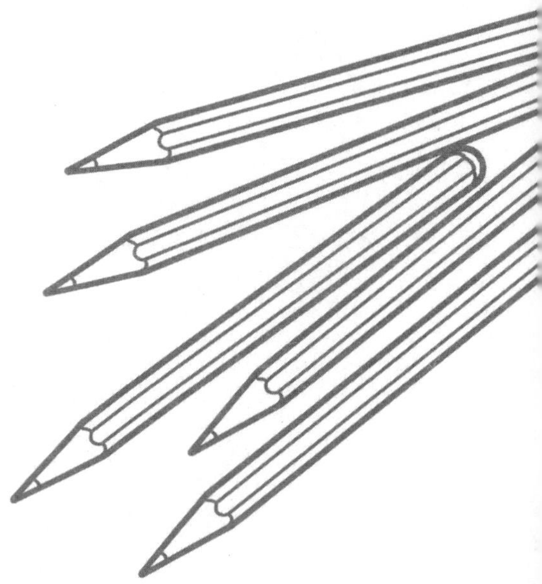

Edinumen

1 Este soy yo

Sesión 1

A. Une.

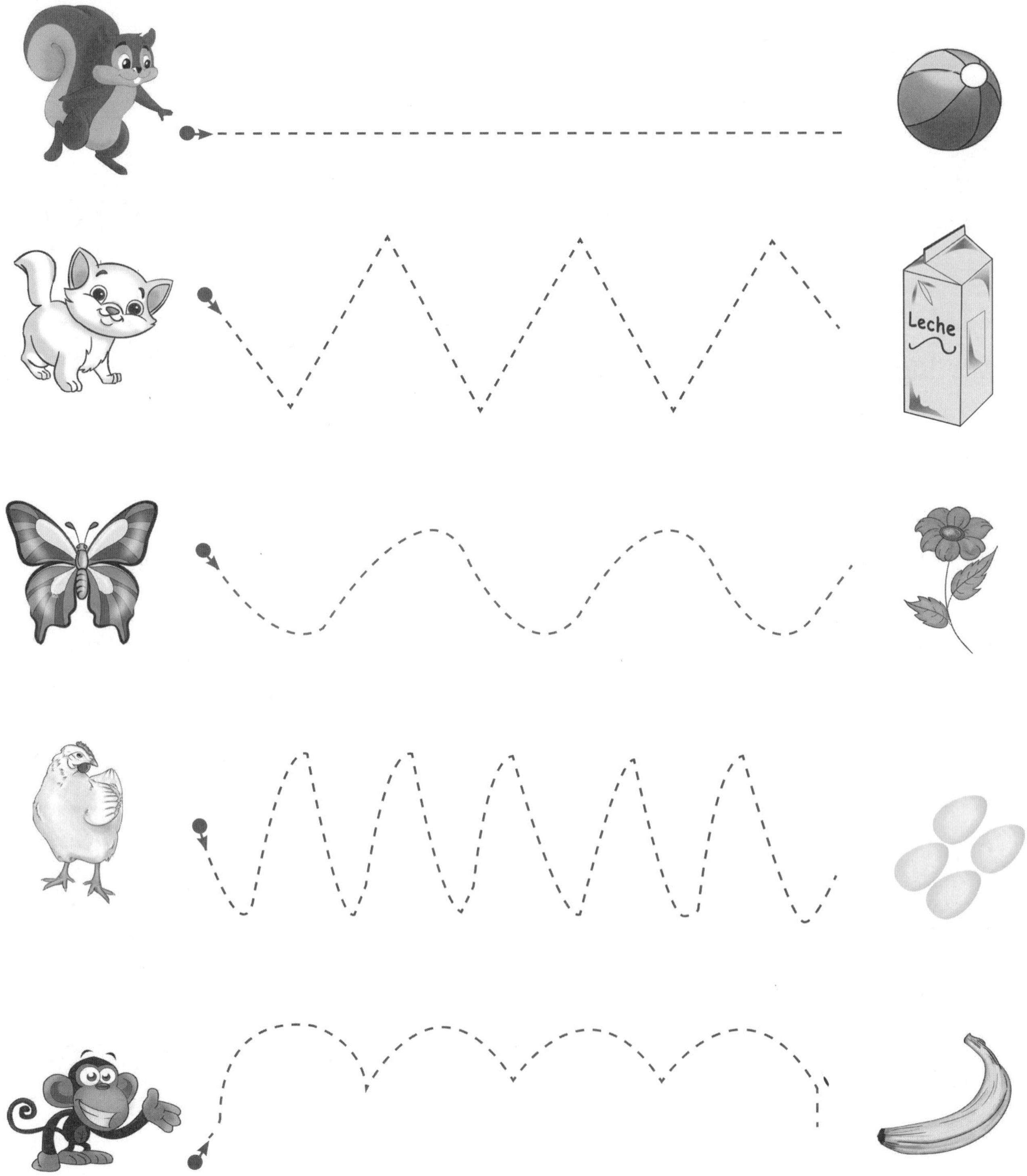

A. Observa y une.

Sesión 3

A. Encuentra y rodea.

A. Escribe y cuenta.

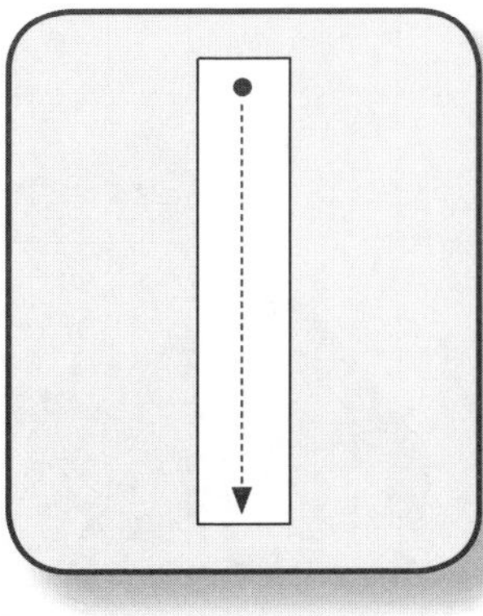

Sesión 5

A. Cuenta y une.

1 2

A. Colorea el dibujo con un gato.

B. Colorea el dibujo con dos perros.

2 Mi familia

Sesión 1

A. Escribe y cuenta.

3

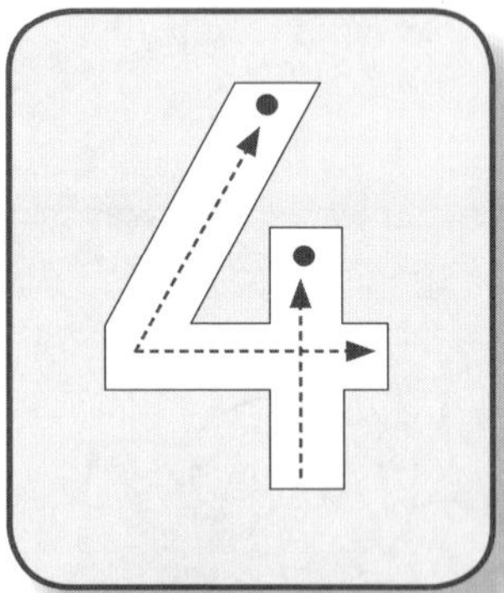

4

A. Rodea los grupos de 3.

B. Rodea los grupos de 4.

Sesión 3

A. Dibuja y cuenta.

A. Cuenta y une.

1

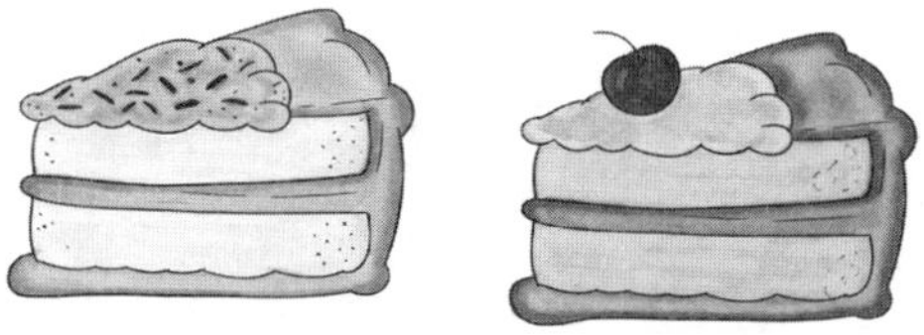

2

3

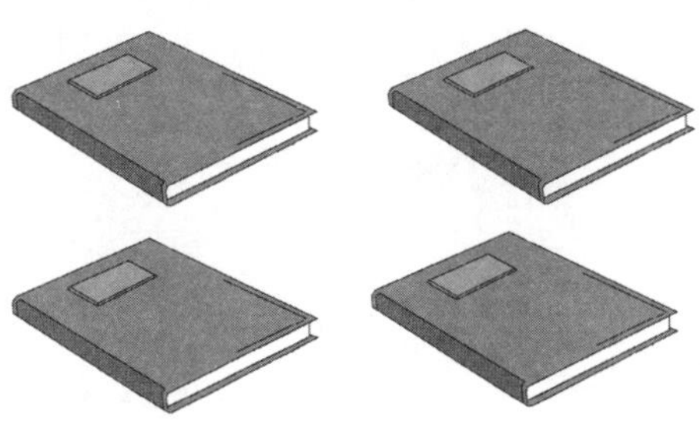

4

Sesión 5

A. Cuenta y rodea.

1 2 3 4

1 2 3 4

1 2 3 4

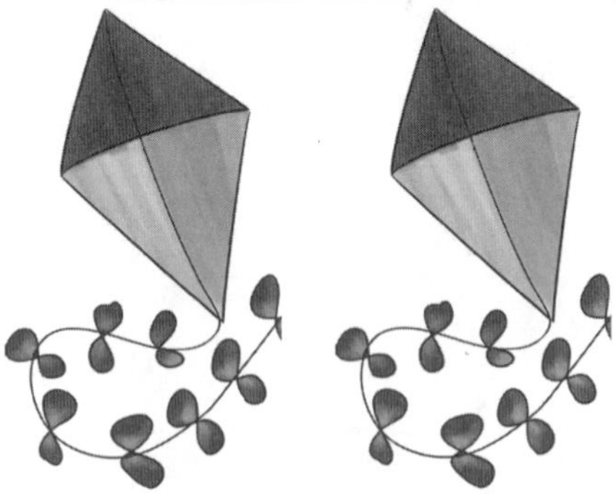

1 2 3 4

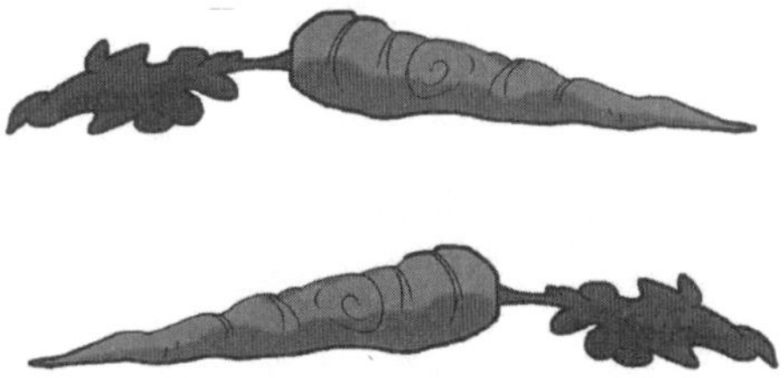

1 2 3 4

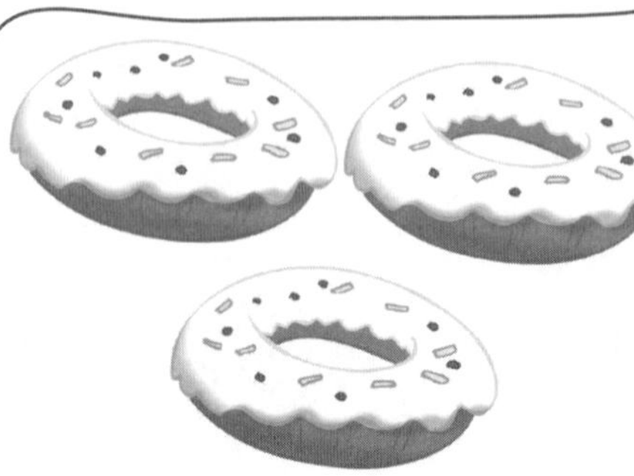

1 2 3 4

A. Colorea los números 1, 2, 3 y 4.

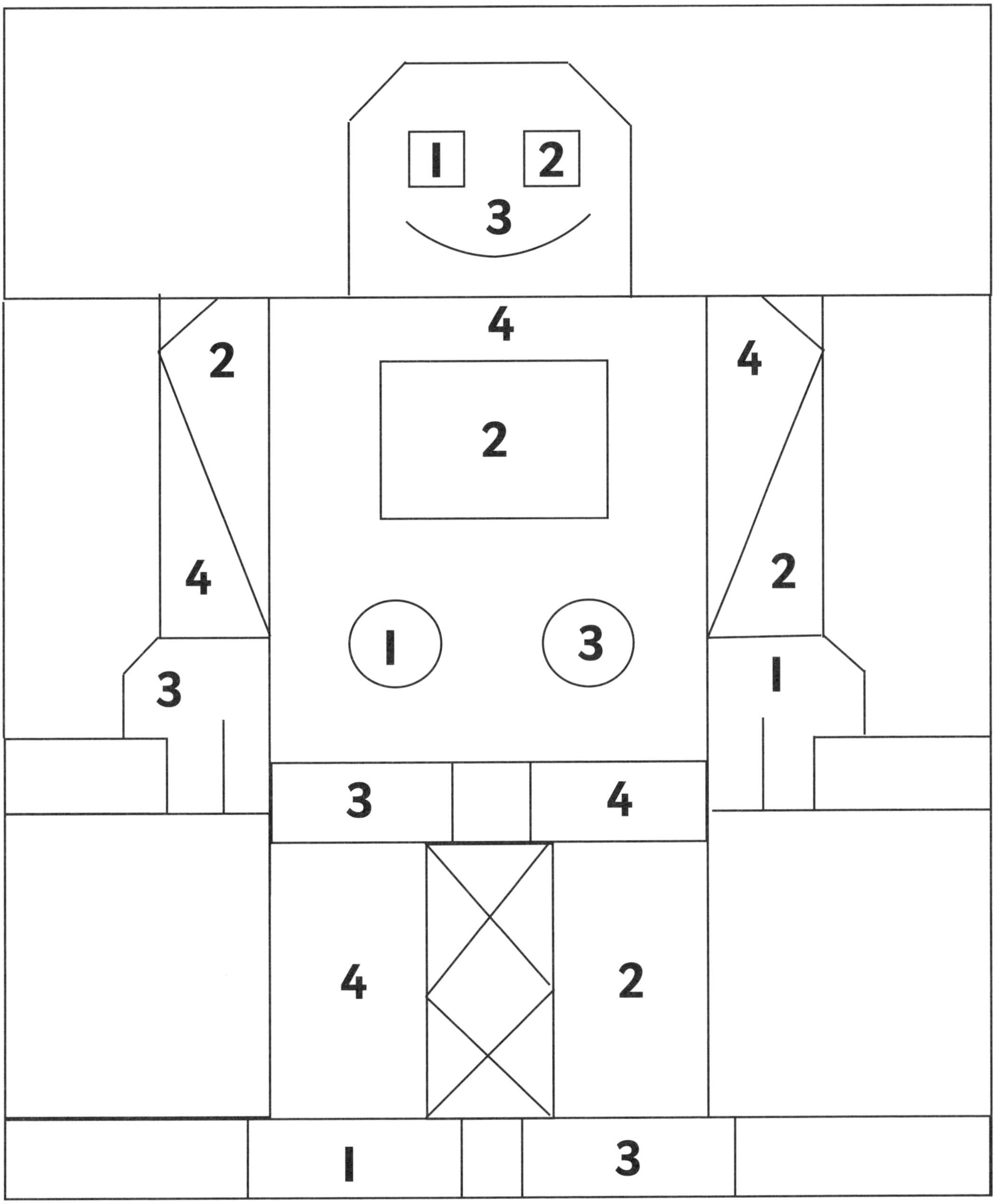

3 Mi colegio

Sesión 1

A. Dibuja y cuenta.

5

B. Une.

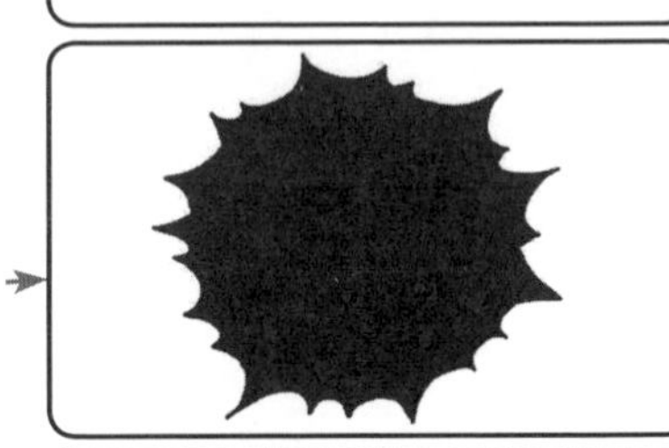

A. Cuenta y une.

B. Cuenta y colorea.

Colorea **5** huevos	Colorea **2** manzanas	Colorea **3** pasteles

Sesión 3

A. Cuenta y rodea los grupos de 5.

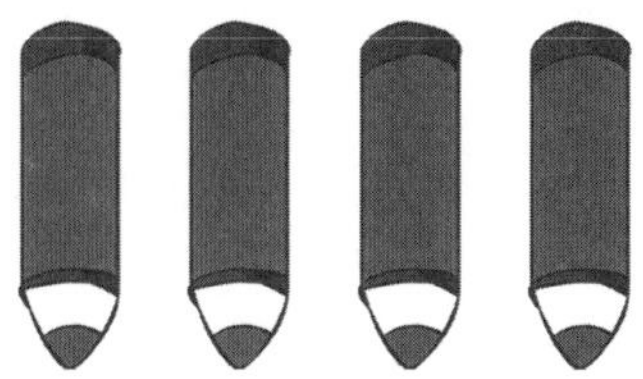

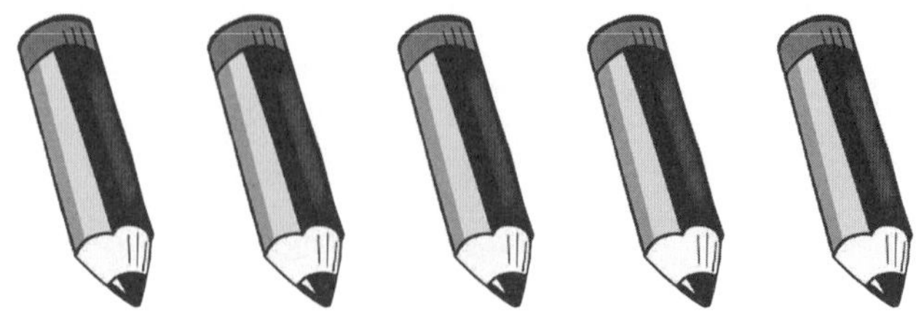

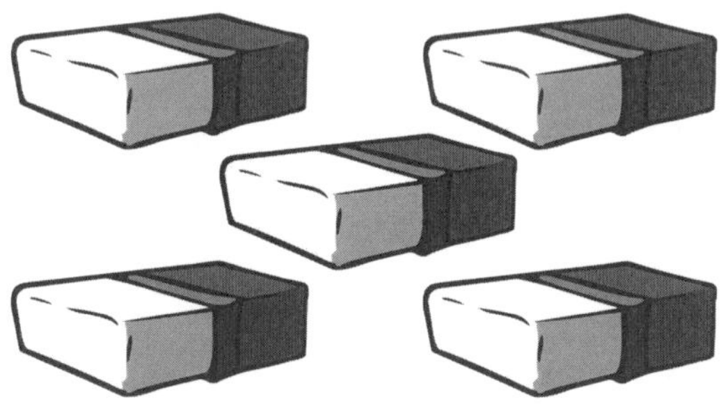

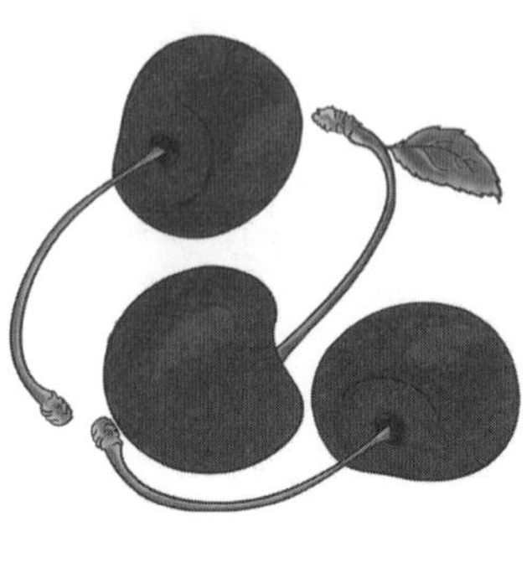

A. Sigue los números.

3

3	3	a
b	3	3

3

4

4	4	d
e	4	4

4

5

a	5	5
5	5	c

5

Sesión 5

A. Cuenta y colorea.

1 2 3 4 5

1 2 3 4 5

1 2 3 4 5

1 2 3 4 5

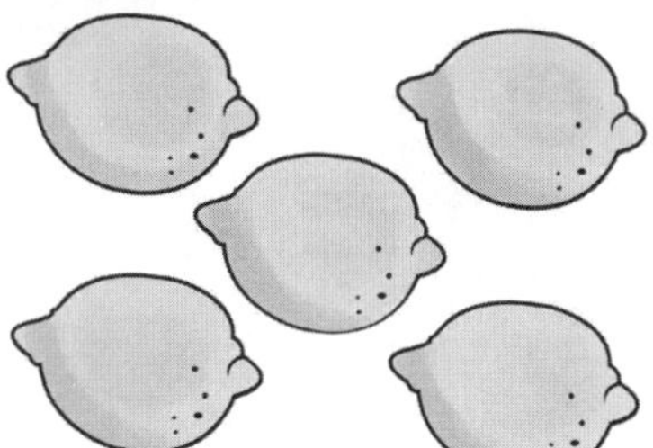

1 2 3 4 5

A. Observa, cuenta y escribe.

4 Mis juguetes

Sesión 1

A. Une los puntos. Colorea.

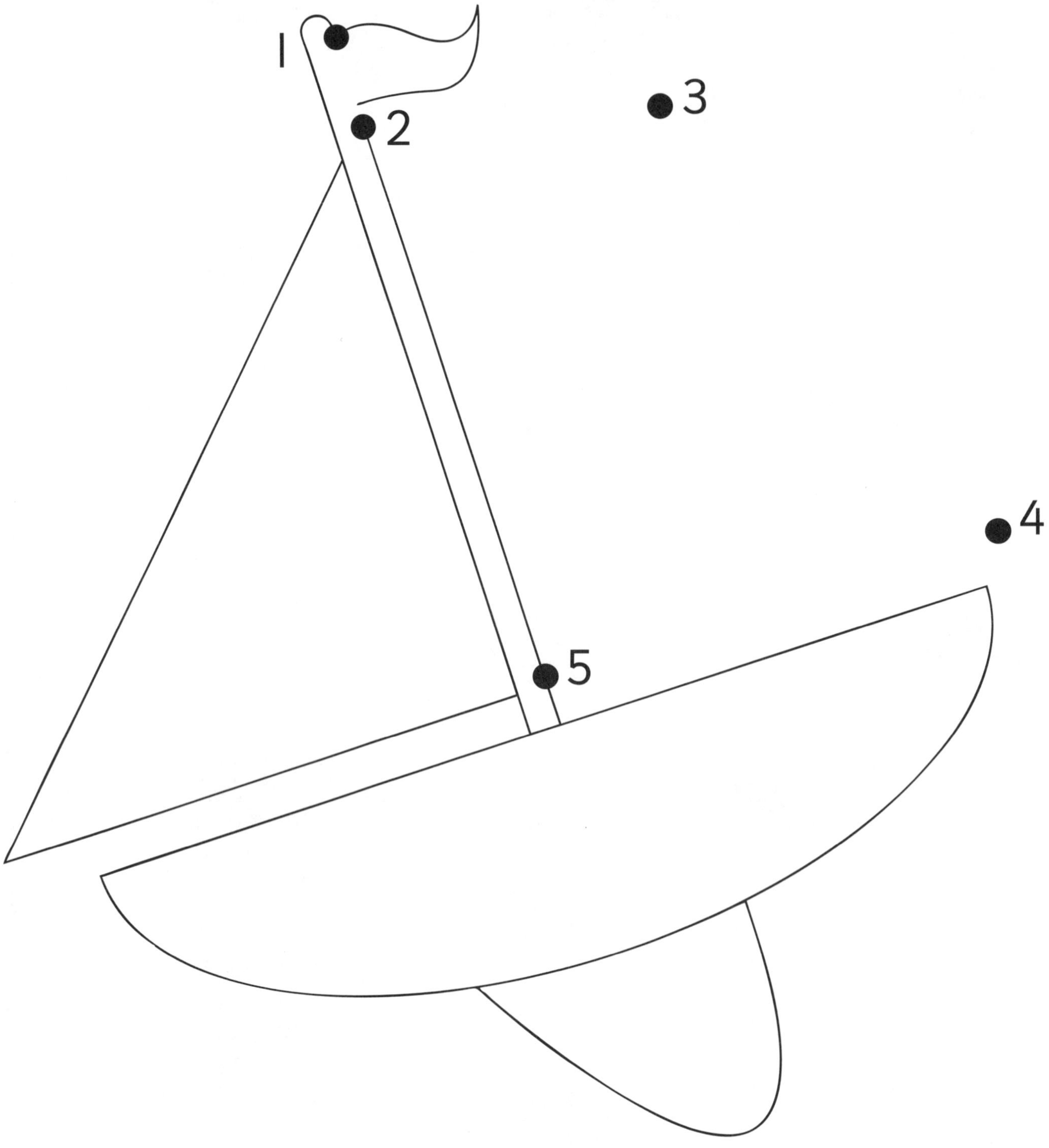

A. Dibuja las formas.

B. Cuenta las formas del ejercicio A. Escribe y une.

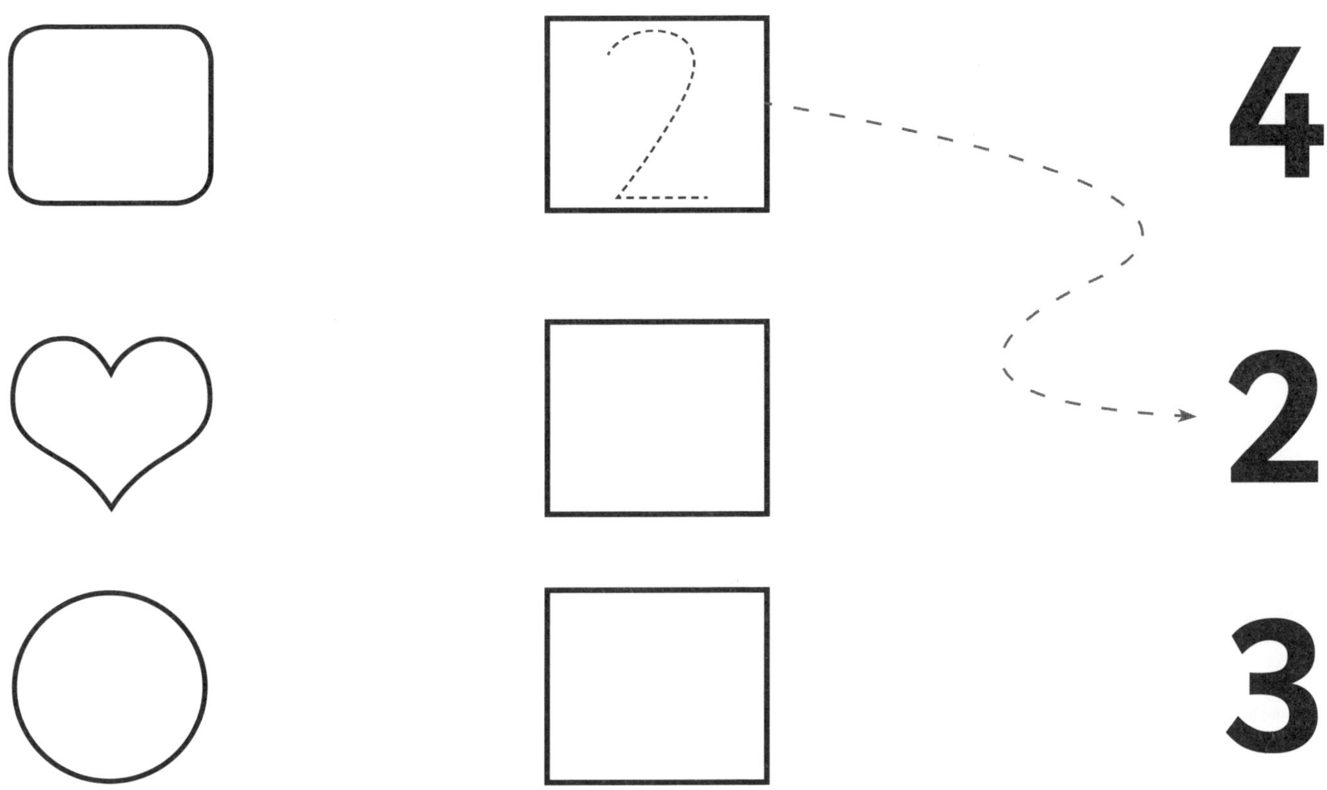

Sesión 3

A. Rodea los grupos de 4.

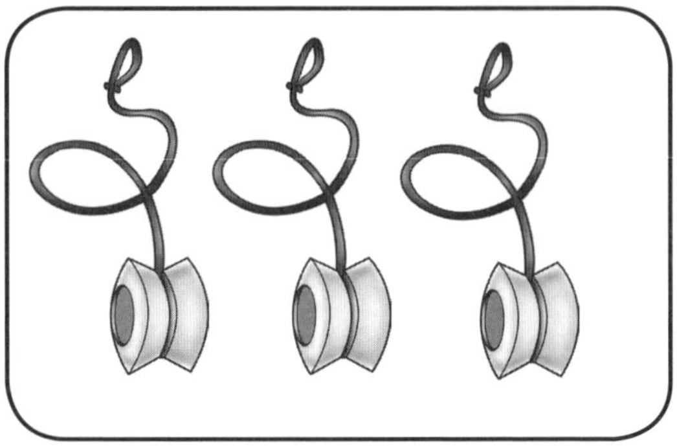

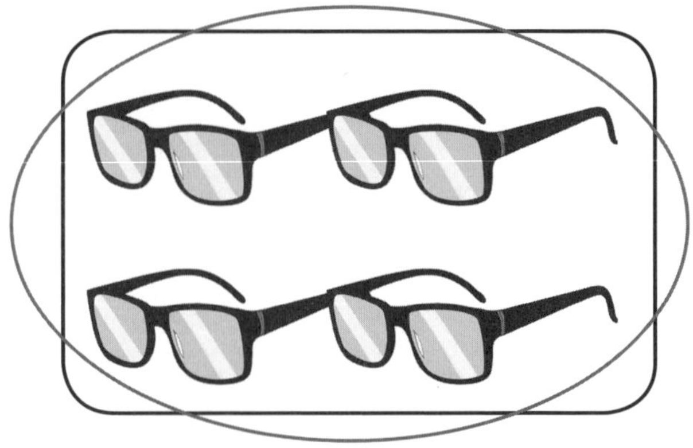

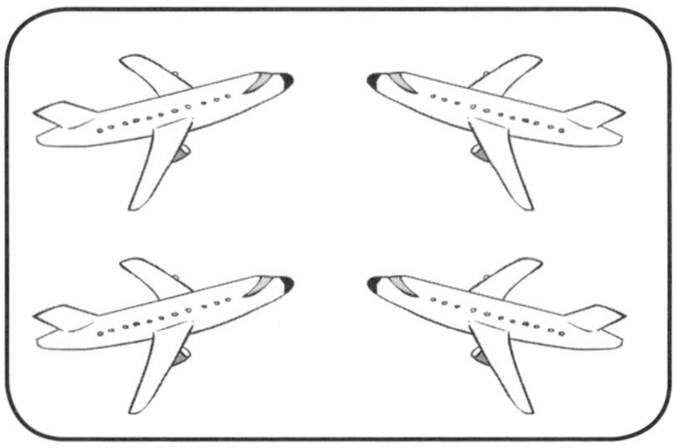

B. Rodea los grupos de 5.

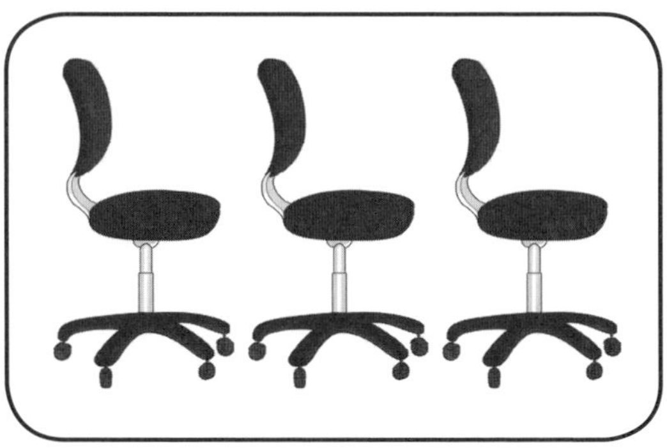

A. Cuenta y rodea.

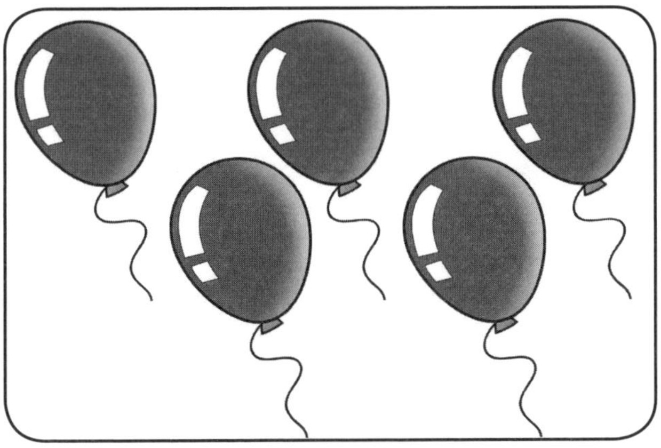

1 3
4
5 2

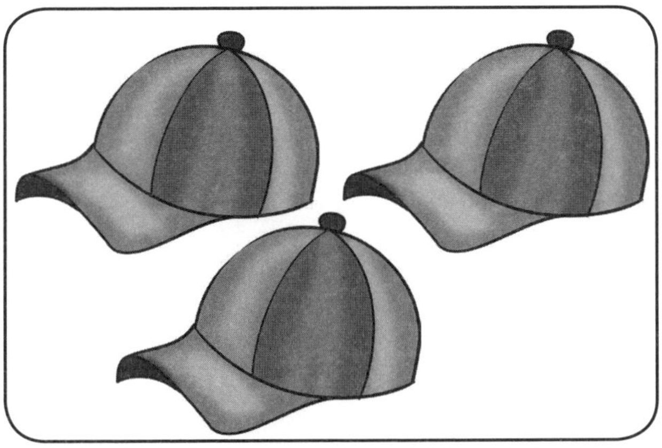

3 5
1
2 4

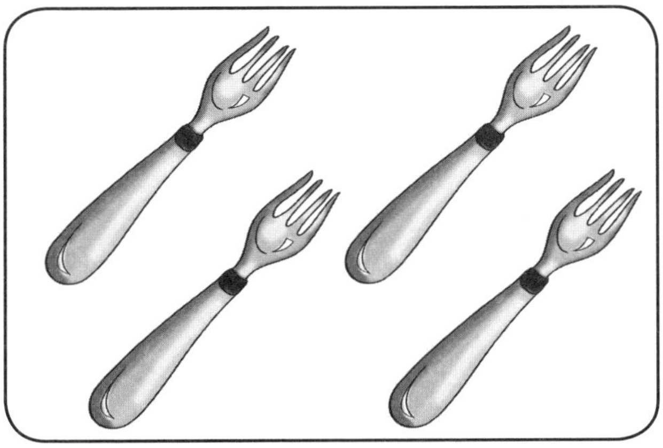

5 1
3
2 4

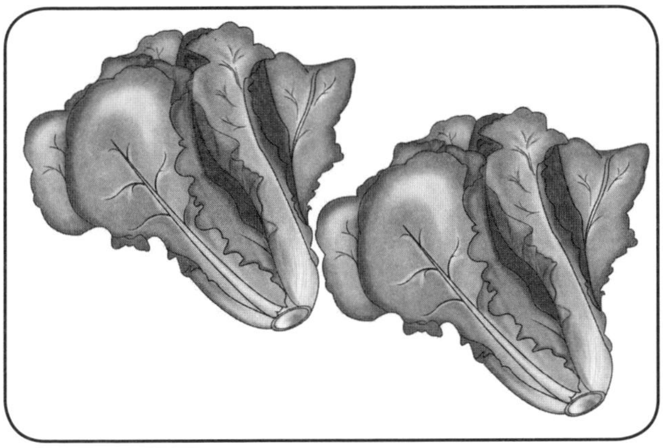

4 5
2
1 3

Sesión 5

A. Dibuja, cuenta y escribe.

1 2 3 4 5

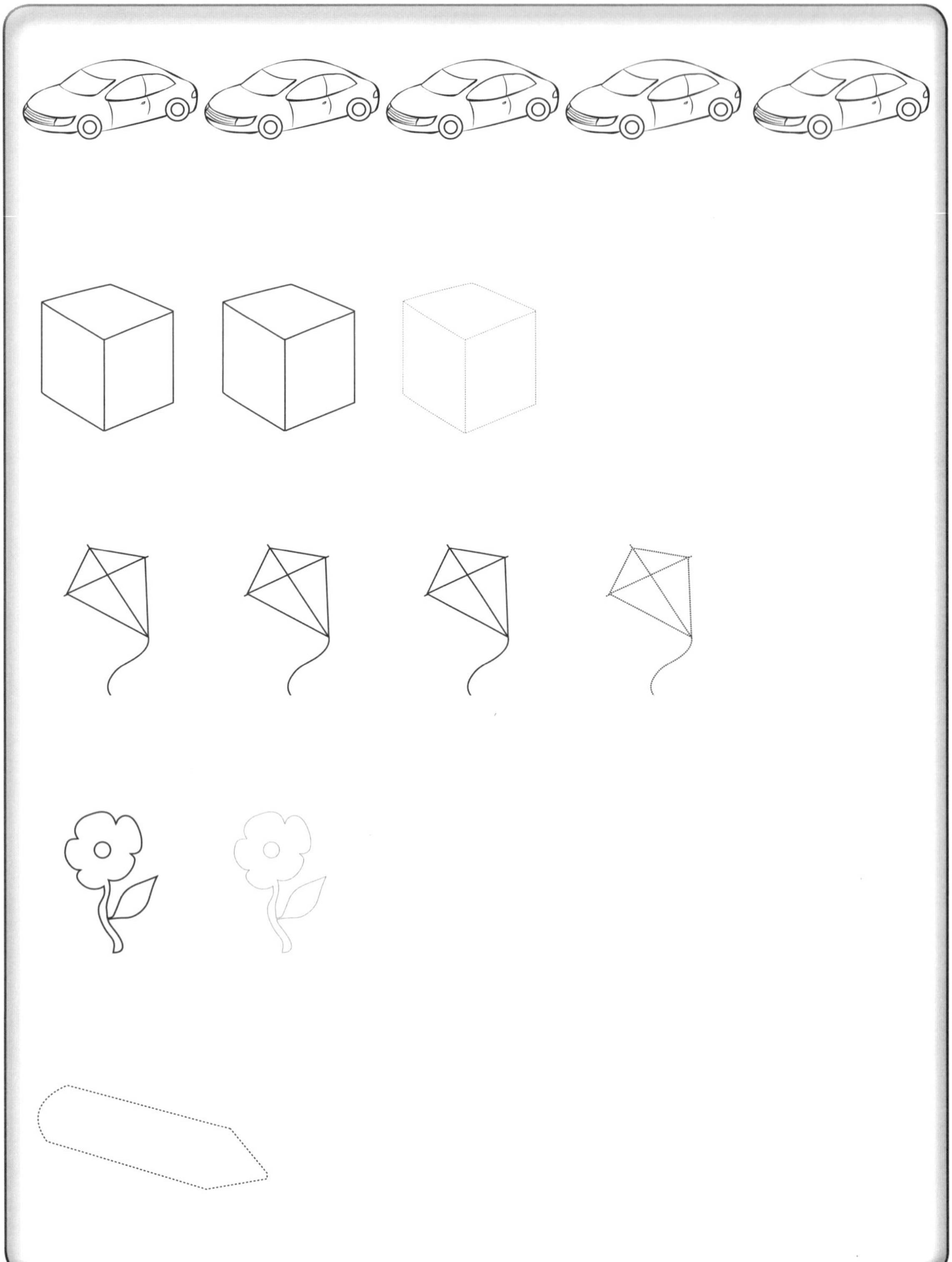

5

A. Lee y une.

uno

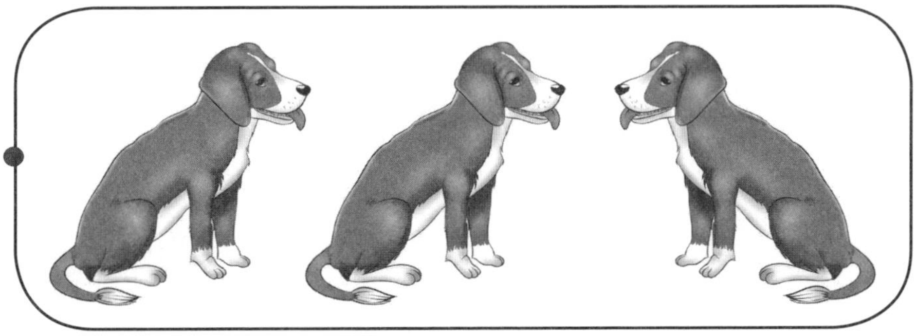

dos

tres

cuatro

cinco

5 Mi clase

Sesión 1

A. Dibuja y cuenta. Escribe.

6

6

7

7

A. Colorea los lápices con el número 6.
¿Qué número ves?

Sesión 3

A. Cuenta y colorea.

1 2 3 4 5 6

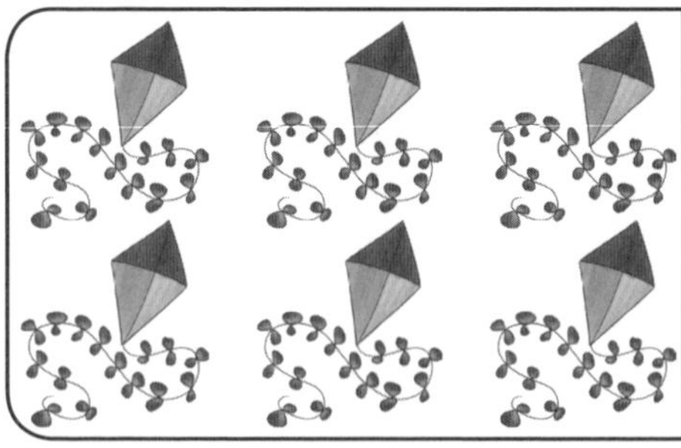

1 2 3 4 5 6

1 2 3 4 5 6

1 2 3 4 5 6

1 2 3 4 5 6

A. Dibuja, une y colorea.

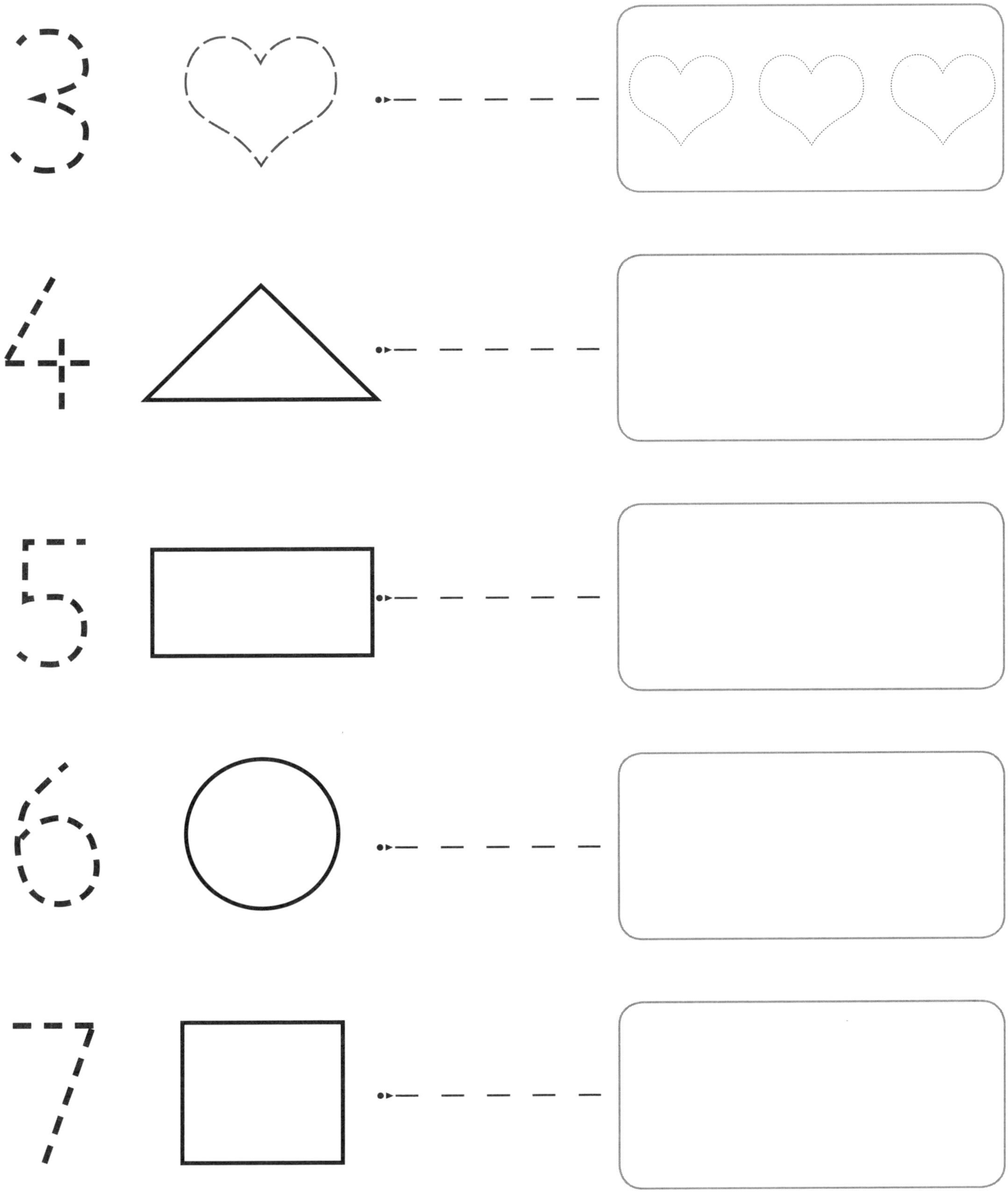

Sesión 5

A. Cuenta y une.

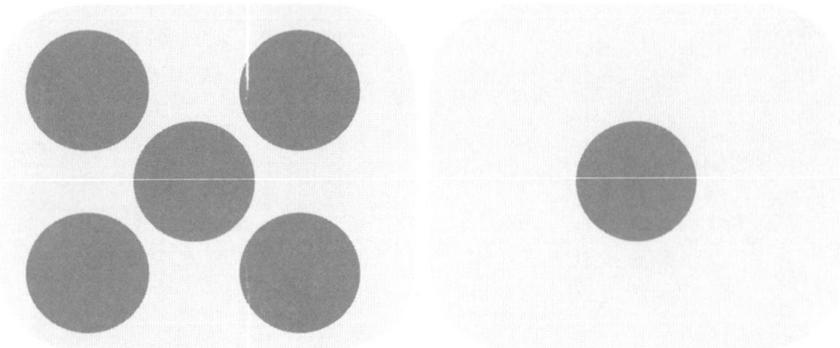

$4 + 1 = 5$

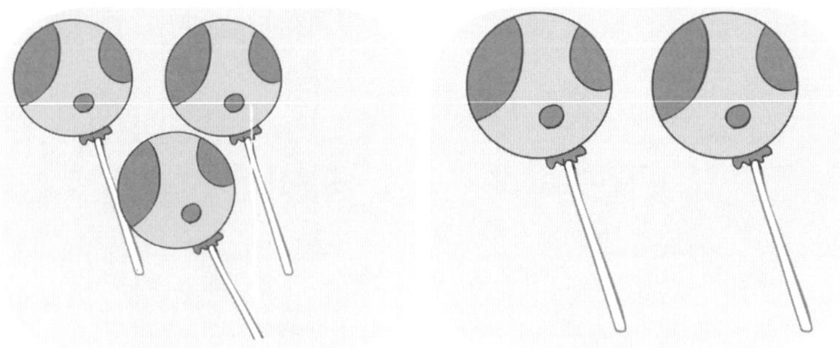

$5 + 1 = 6$

$2 + 2 = 4$

$3 + 2 = 5$

$3 + 4 = 7$

Sesión 6

A. Observa, cuenta y escribe.

 1

 ____

 ____

 ____

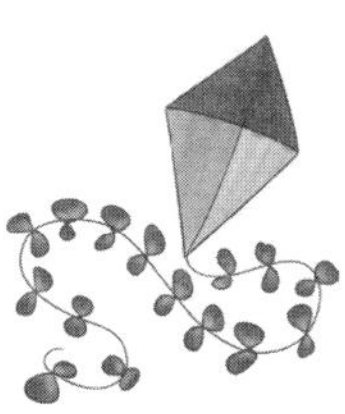 ____

 ____

6 Mi ropa

Sesión 1

A. Dibuja y cuenta. Escribe.

8

9

A. Escribe, une y dibuja.

3 **tres**

5 **cinco**

2 **dos**

6 **seis**

7 **siete**

Sesión 3

A. Rodea los grupos de 8.

A. Rodea los grupos de 9.

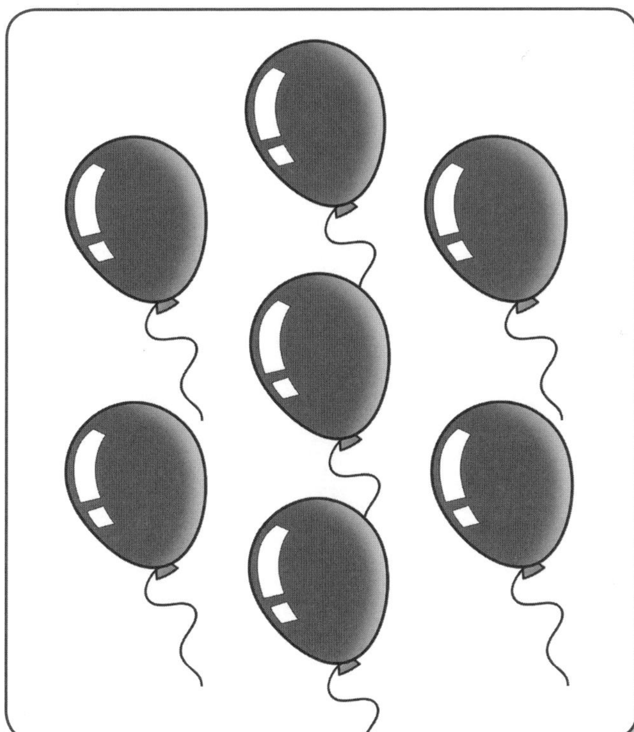

Sesión 5

A. Observa y colorea.

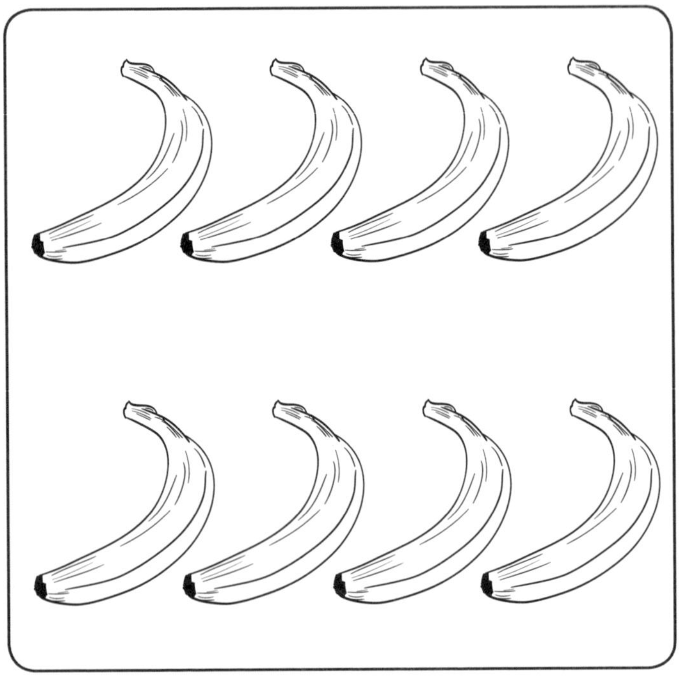

Colorea **7** plátanos.

Colorea **5** camisetas.

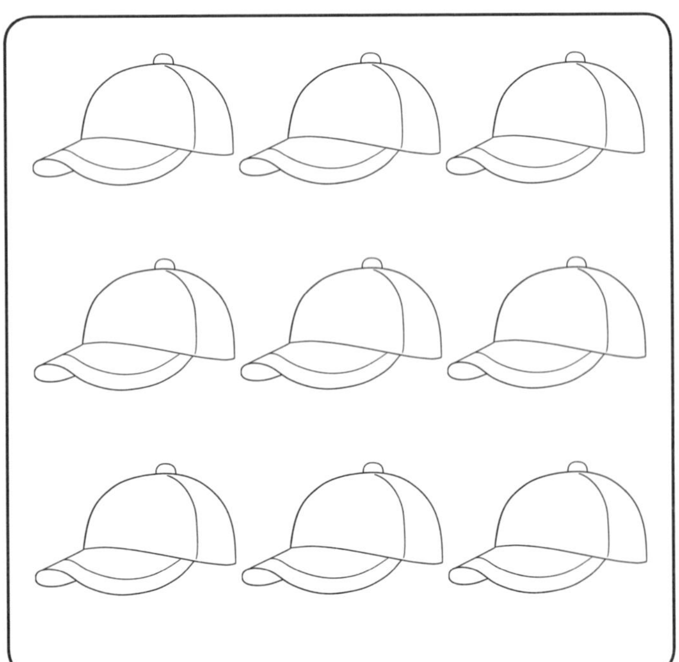

Colorea **4** gorras.

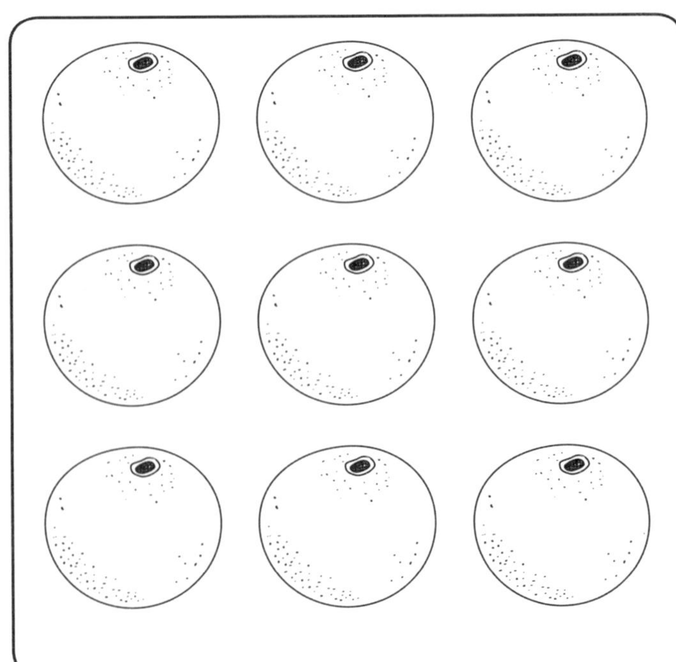

Colorea **9** naranjas.

A. Cuenta y une.

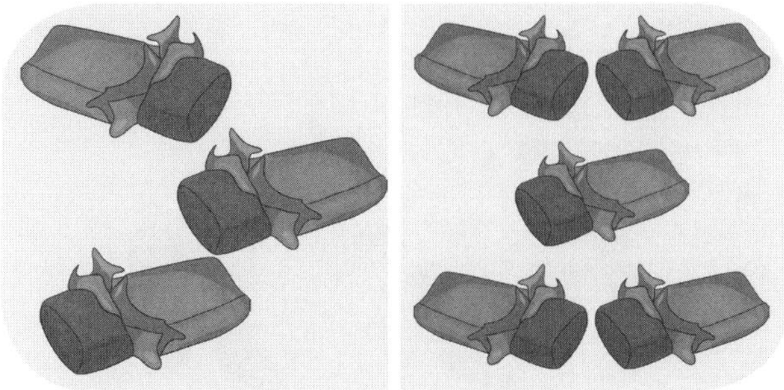

$5 + 2 = 7$

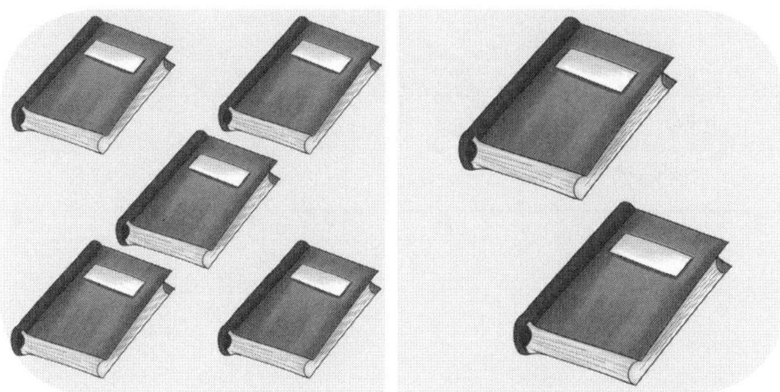

$3 + 5 = 8$

$7 + 2 = 9$

$3 + 2 = 5$

$4 + 2 = 6$

7 La granja

Sesión 1

A. Dibuja y cuenta. Escribe.

10

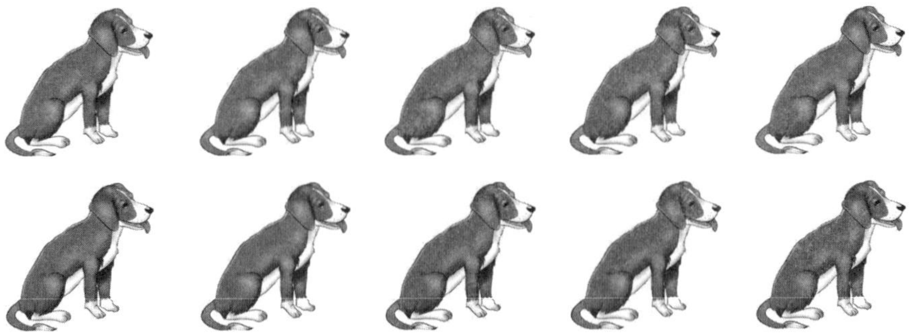

10

B. Cuenta y dibuja.

A. Escribe.

1 2 3 4 5

6 7 8 9 10

B. Cuenta y rodea.

6 7 8

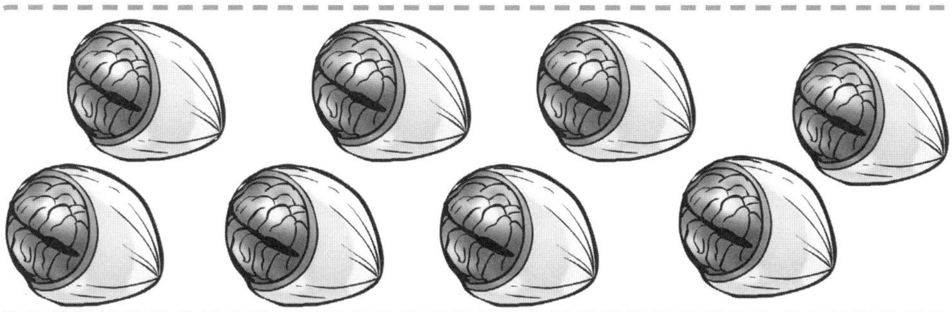

7 8 9

8 9 10

Sesión 3

A. Escribe el número siguiente.

7	8	9	

3	4	5	6	

7	8	

5	6	7	

A. Cuenta y colorea.

2 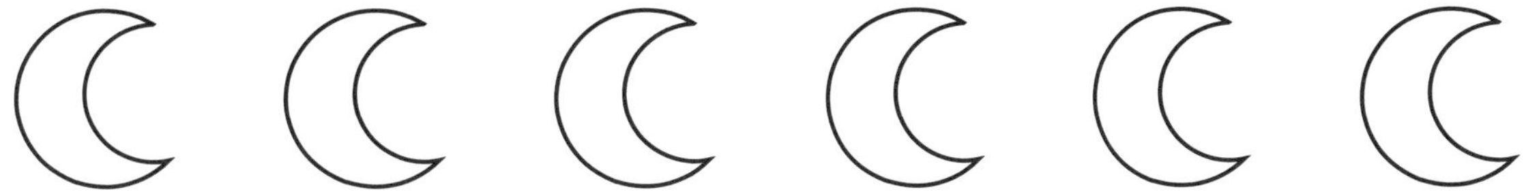

3 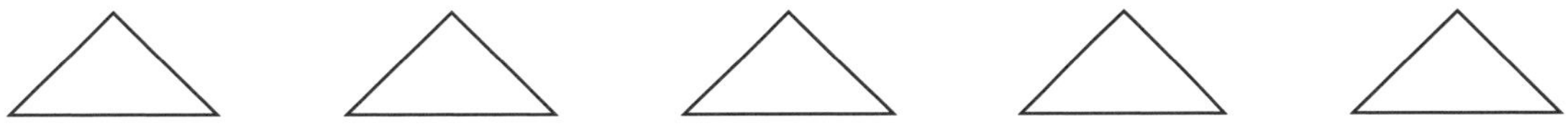

4 

5 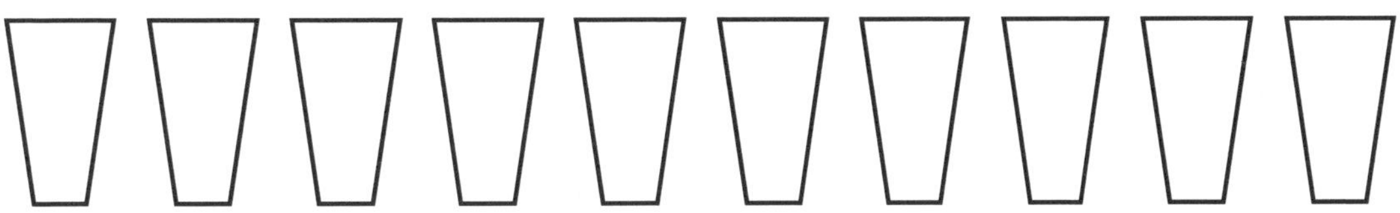

6 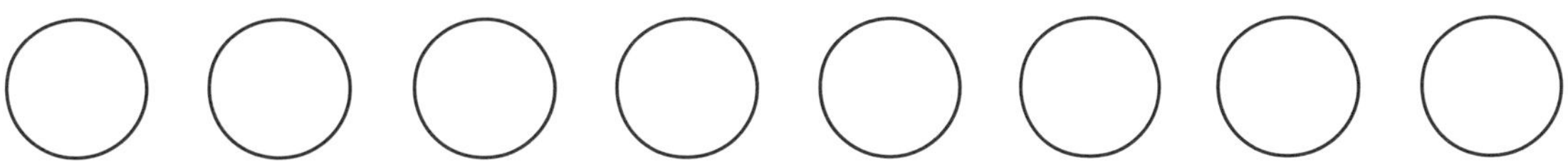

7 

Sesión 5

A. Escribe el número siguiente.

4	5	7	
9		1	

B. Colorea el número mayor.

8	3	5	10
6	9	7	2

Sesión 6

A. Sigue los números. Ayuda a la mamá canguro a encontrar a su bebé.

8 Mi cuerpo

Sesión 1

A. Cuenta y une.

6

2

9

7

10

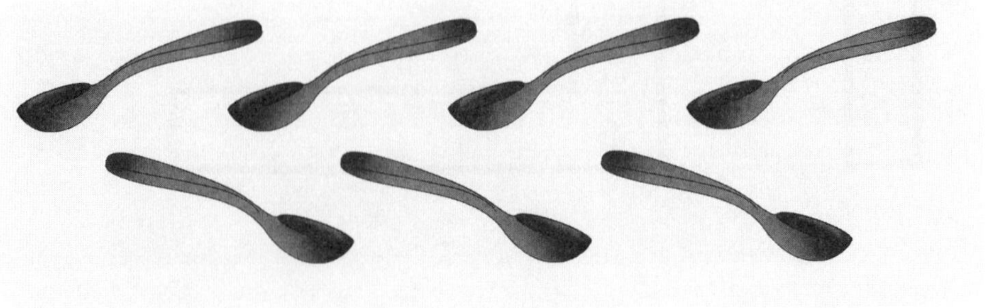

A. Colorea el número que falta. Escribe.

Secuencia	Opciones
5 6 ☐ 8	2 7 9
2 3 4 ☐	3 5 6
3 ☐ 5 6	4 6 8
7 8 9 ☐	6 9 10
4 5 ☐ 7	6 7 8
6 ☐ 8 9	7 8 10

Sesión 3

A. Cuenta y une.

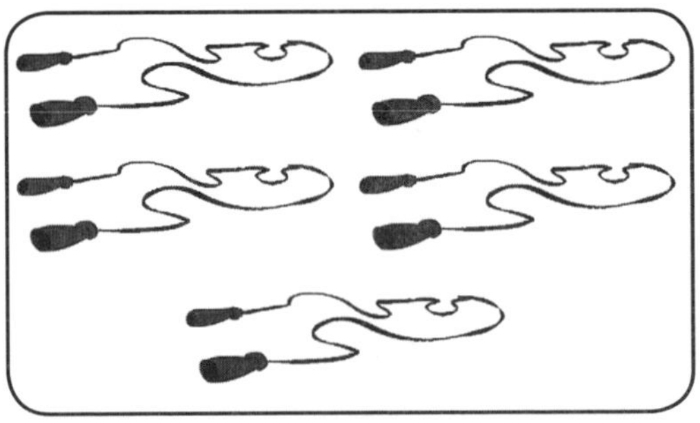

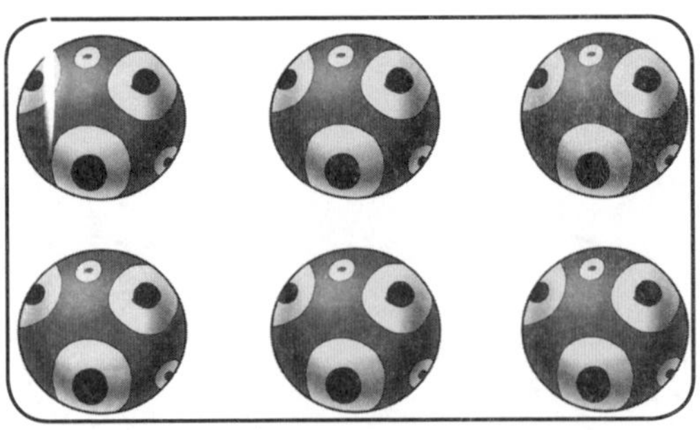

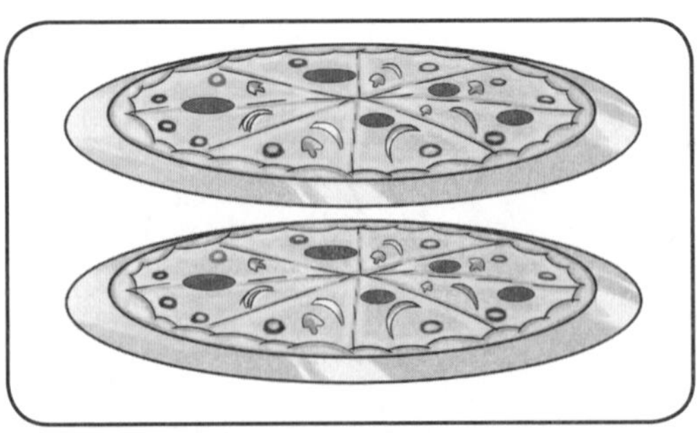

1

2

3

4

5

6

7

8

9

10

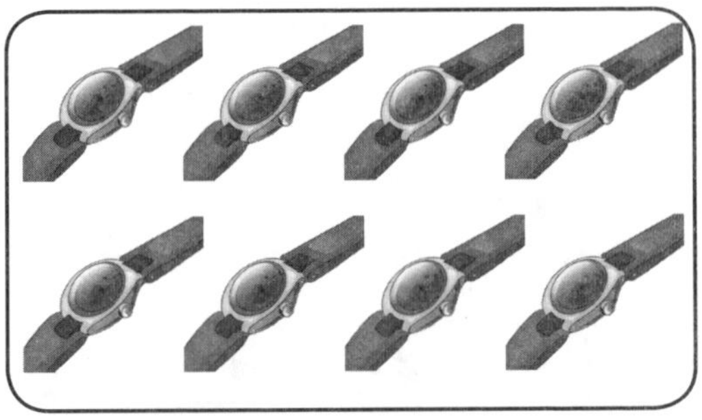

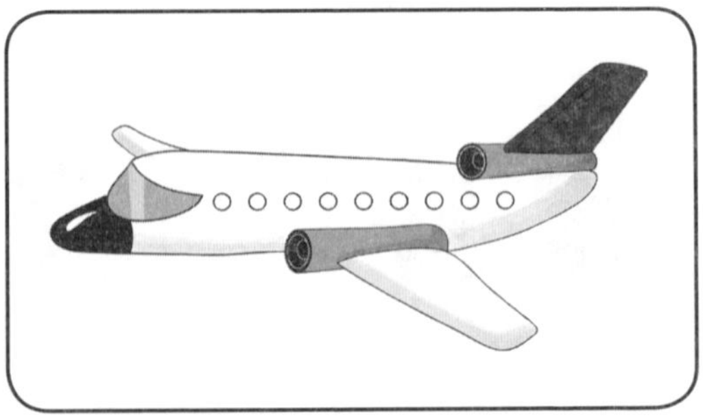

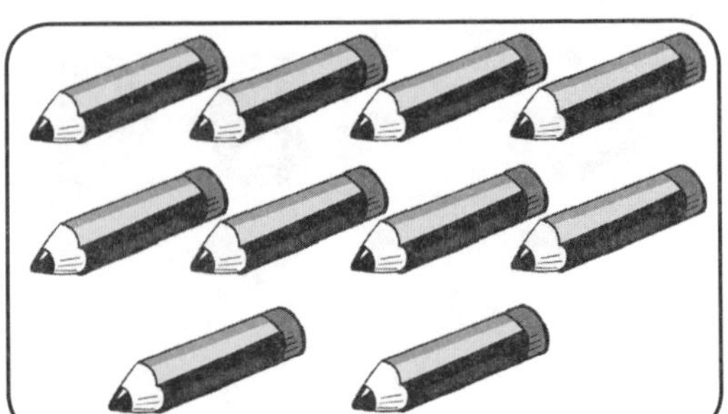

A. Dibuja y escribe.

6 7 8 9 10

A. Dibuja, cuenta y di.

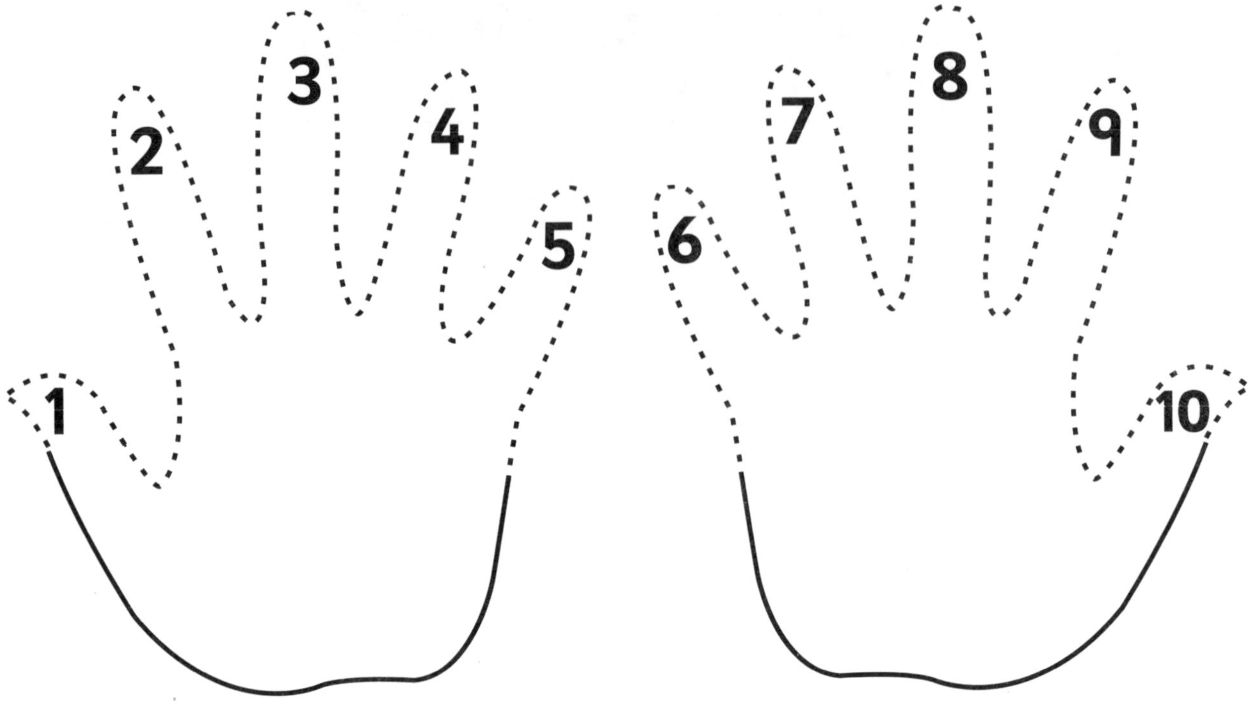

B. Cuenta y escribe.

A. Colorea los números 7, 8 y 9.

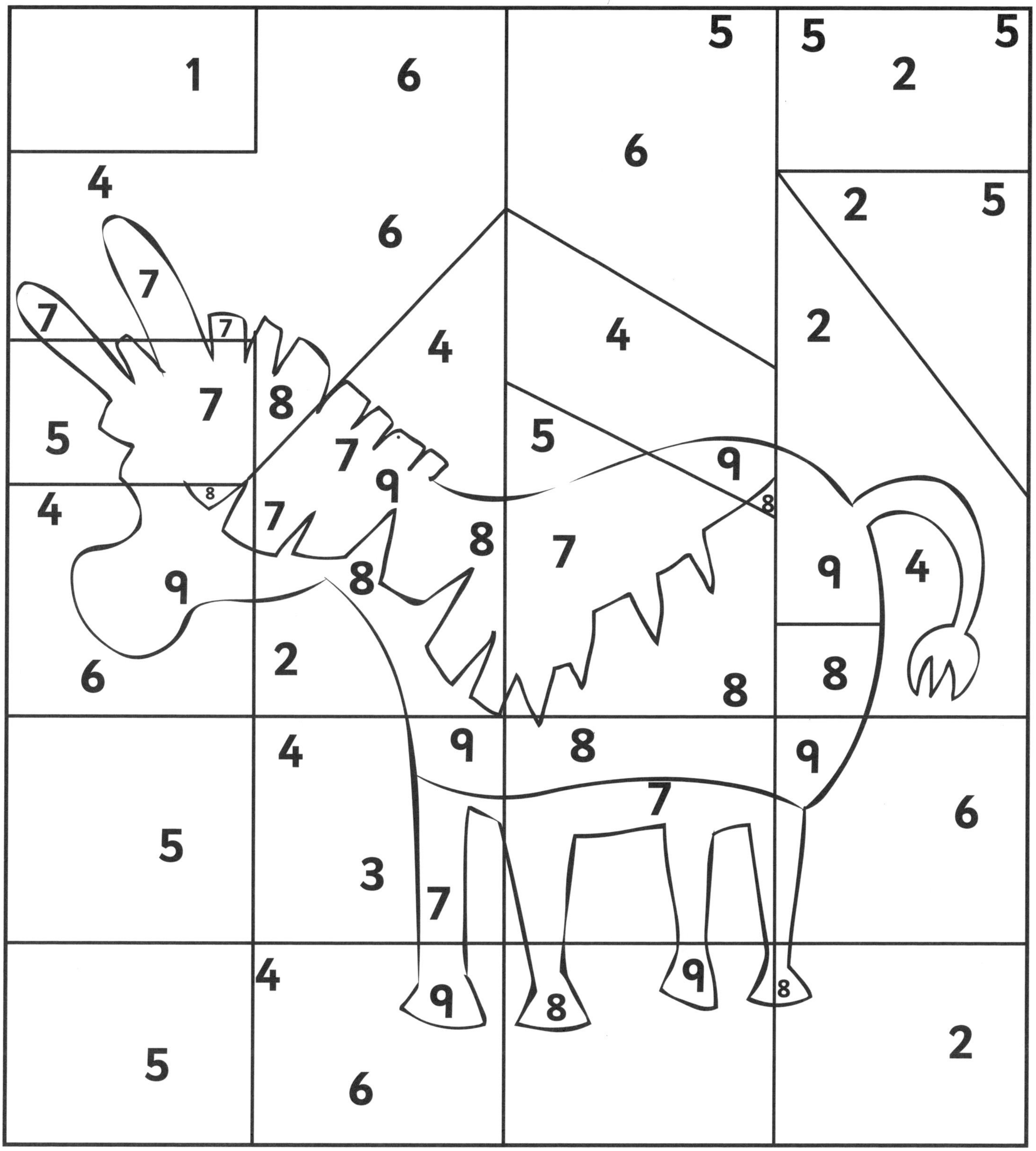

9 La comida

Sesión 1

A. Cuenta y escribe.

1 2 3 4 5 6 7 8 9 10

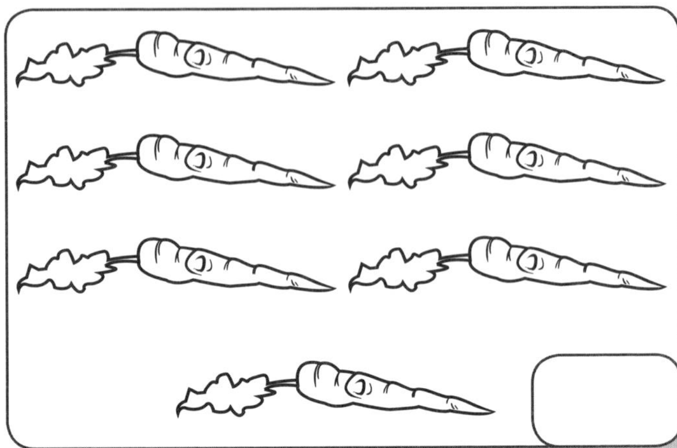

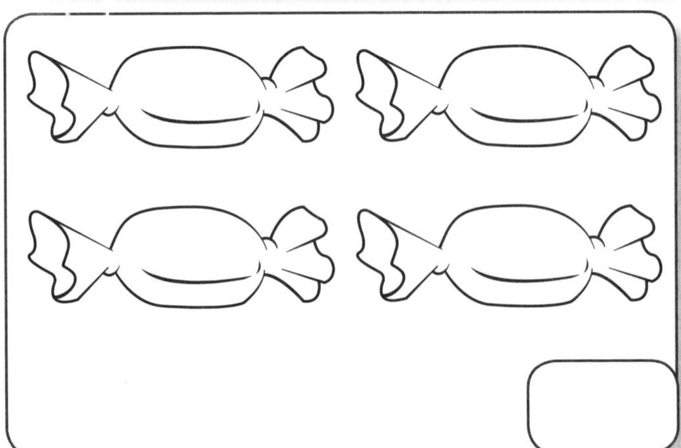

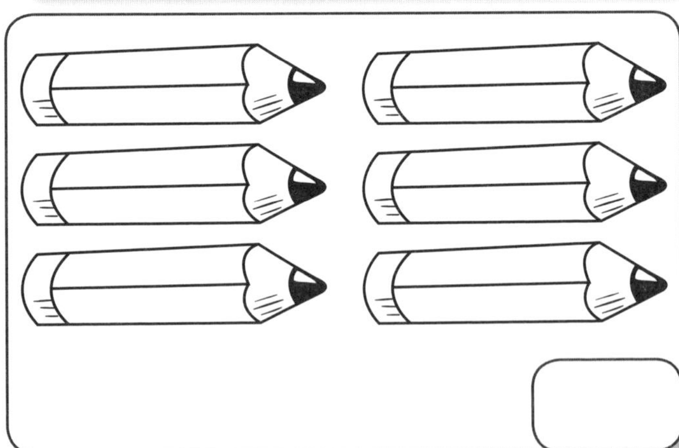

A. Observa, cuenta y escribe.

Sesión 3

A. Escribe el número siguiente.

1 2 3 4 5 6 7 8 9 10

2	3	8		5	
9		3		7	

B. Cuenta y une.

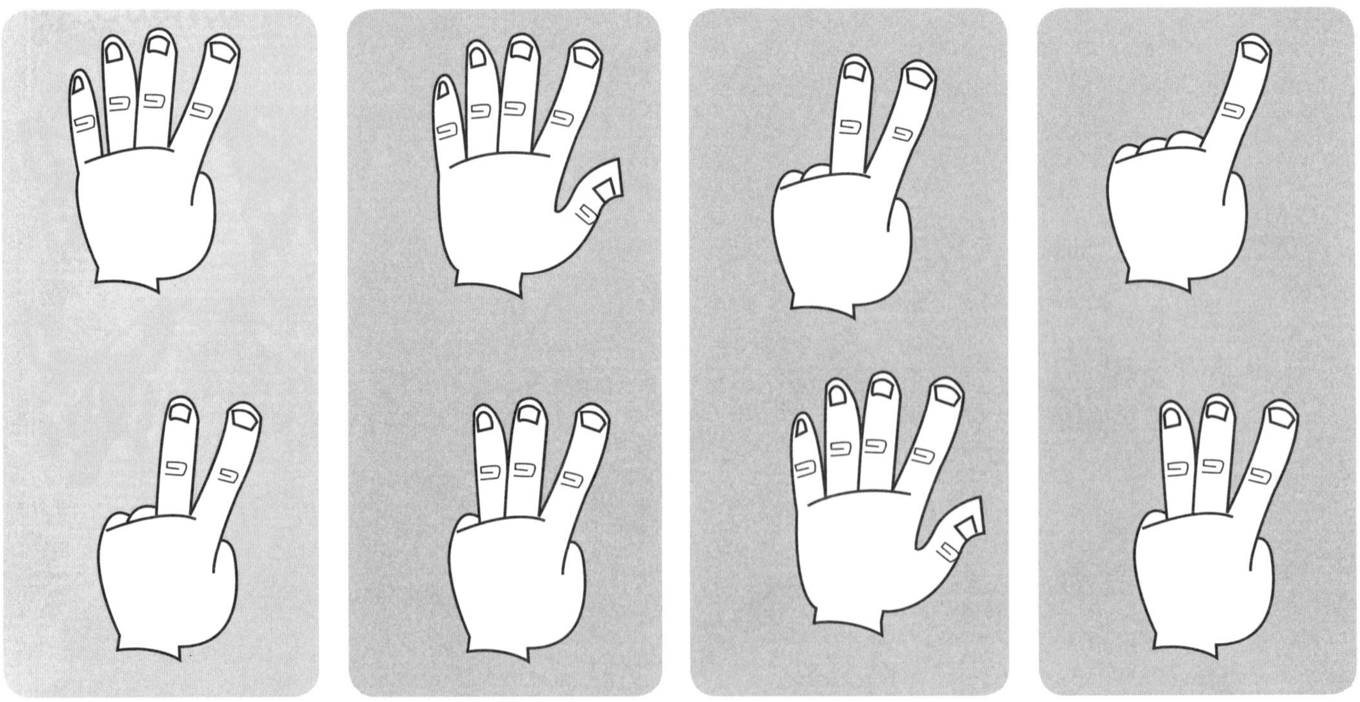

4 6 7 8

A. Rodea el grupo mayor.

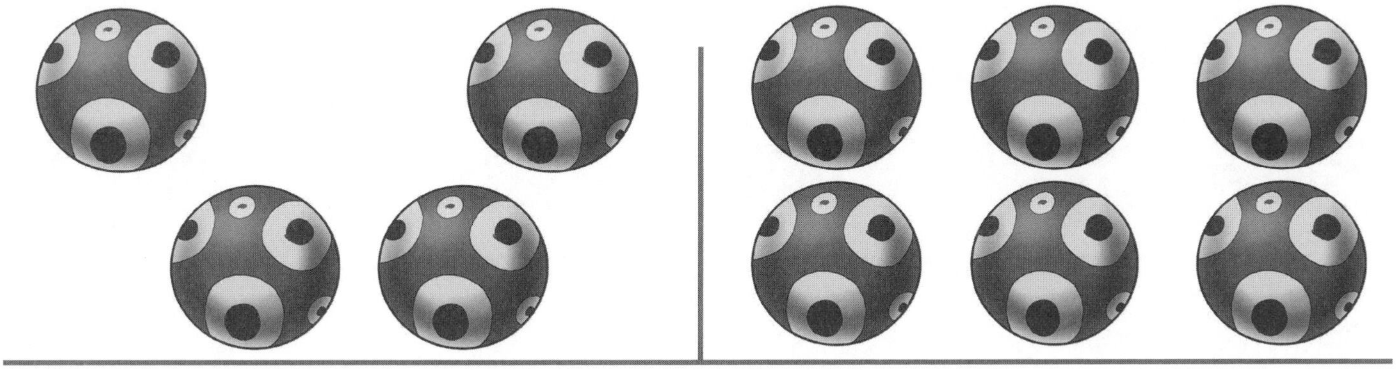

A. Cuenta, suma y escribe.

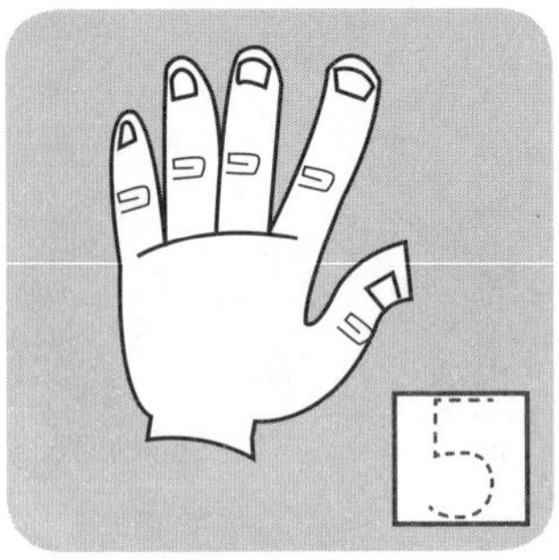

+
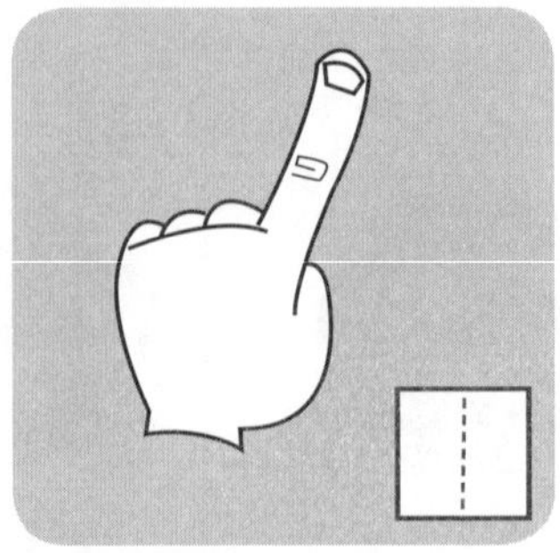

= 6

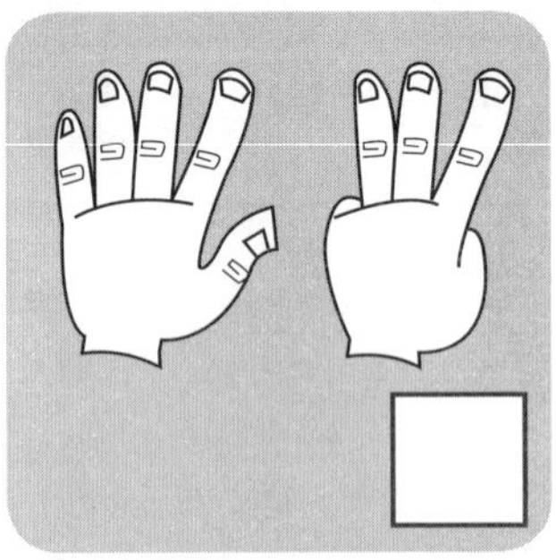
+
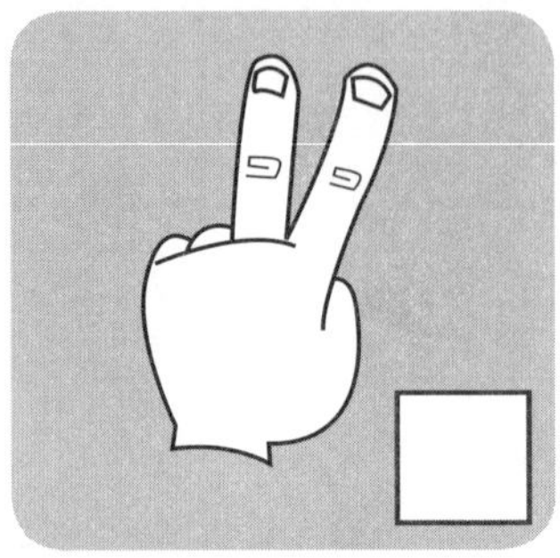
=

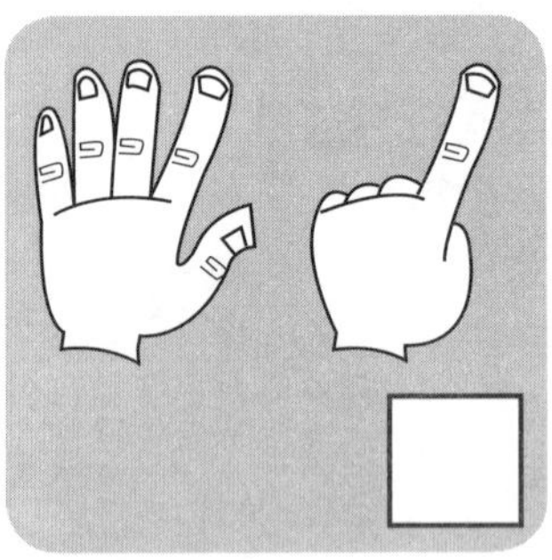
+
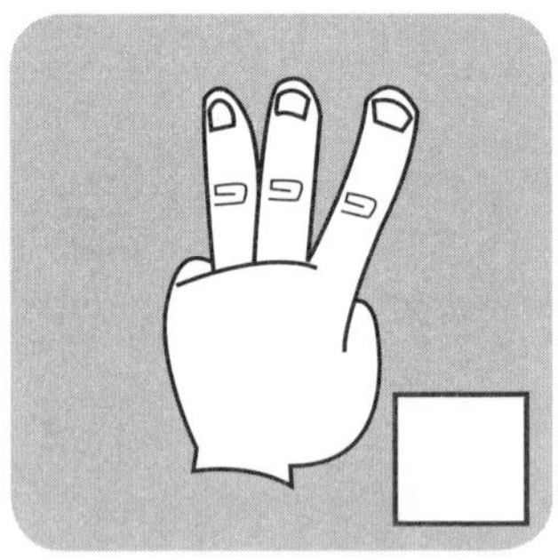
=

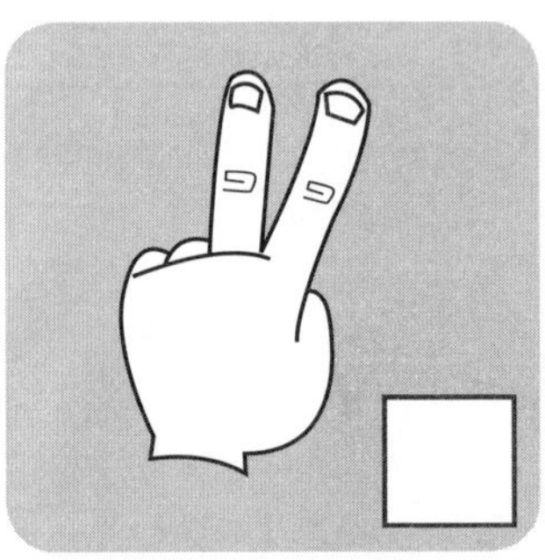
+
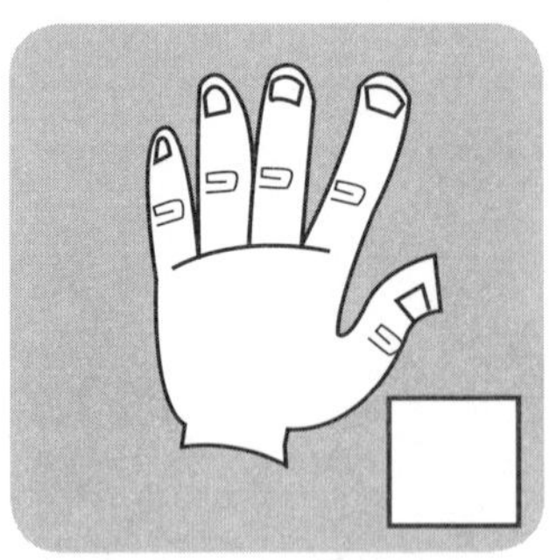
=

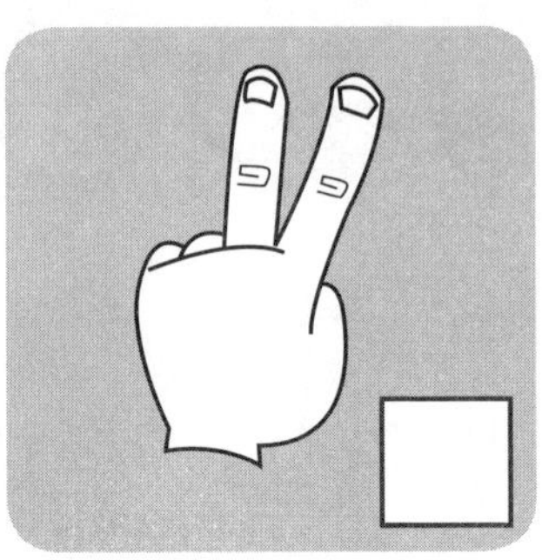
+
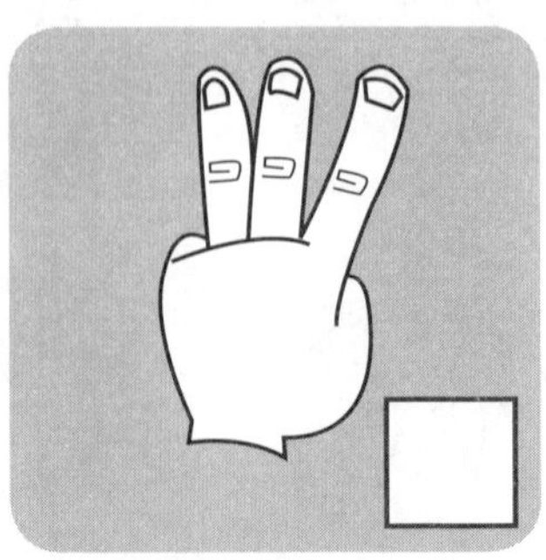
=

A. Sigue los números. Ayuda a Ana a llegar al subibaja.

10 ¡Es fin de semana!

Sesión 1

A. Escribe los números en orden.

B. Une las palabras y los números.

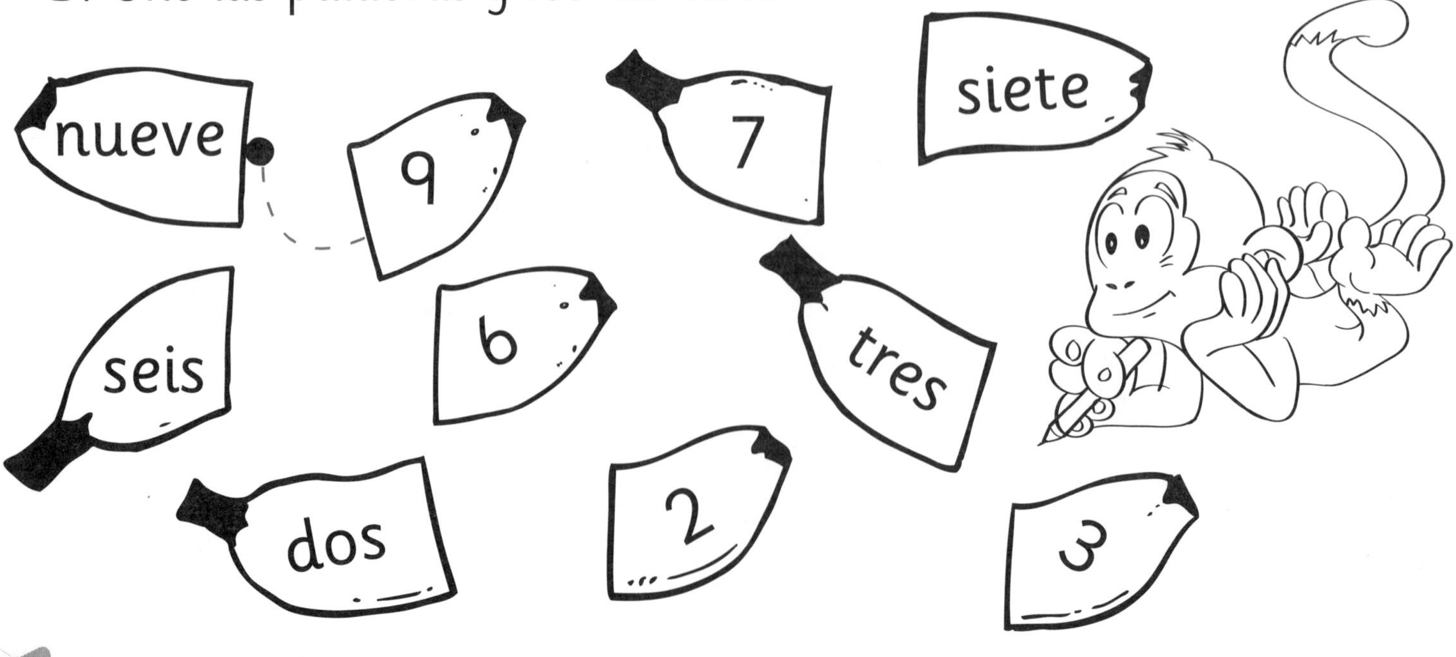

A. Cuenta y une.

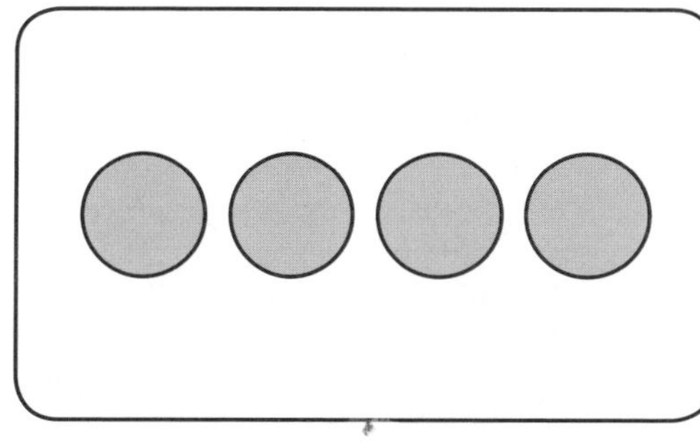

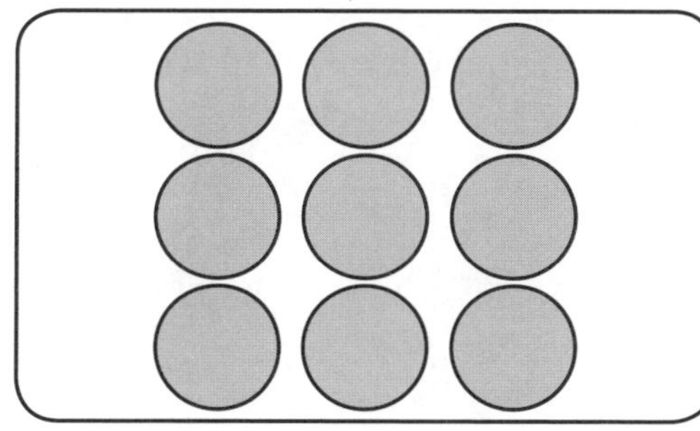
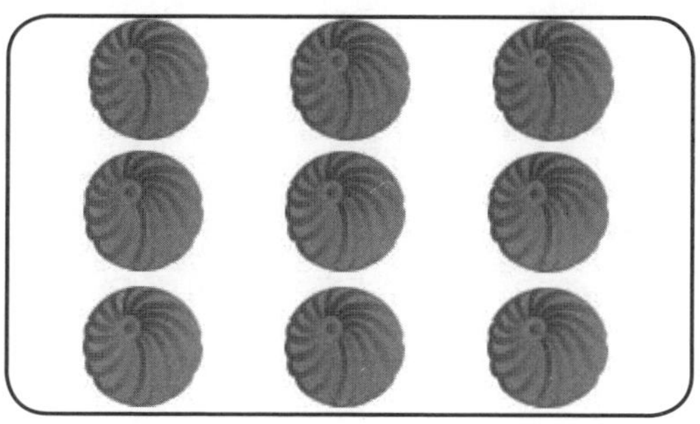
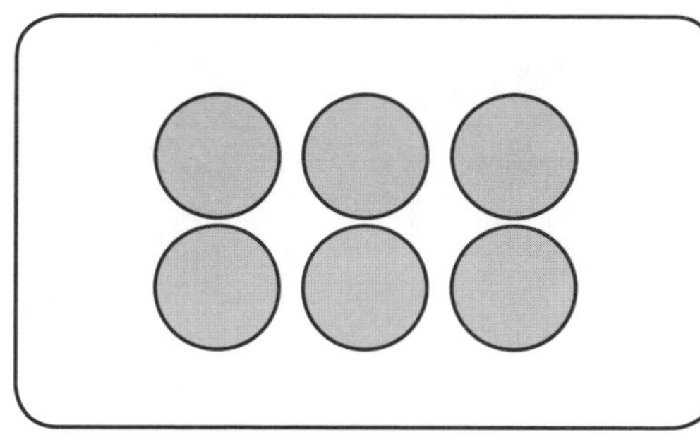

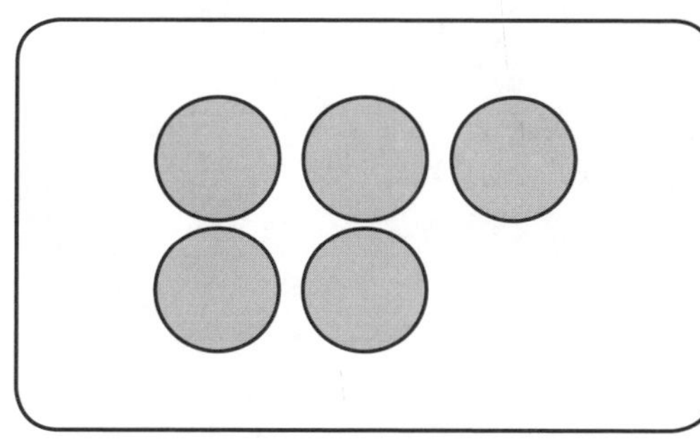

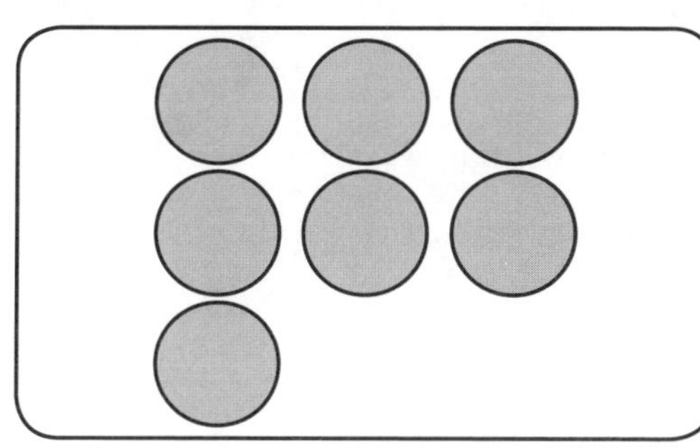

Sesión 3

A. Cuenta y une.

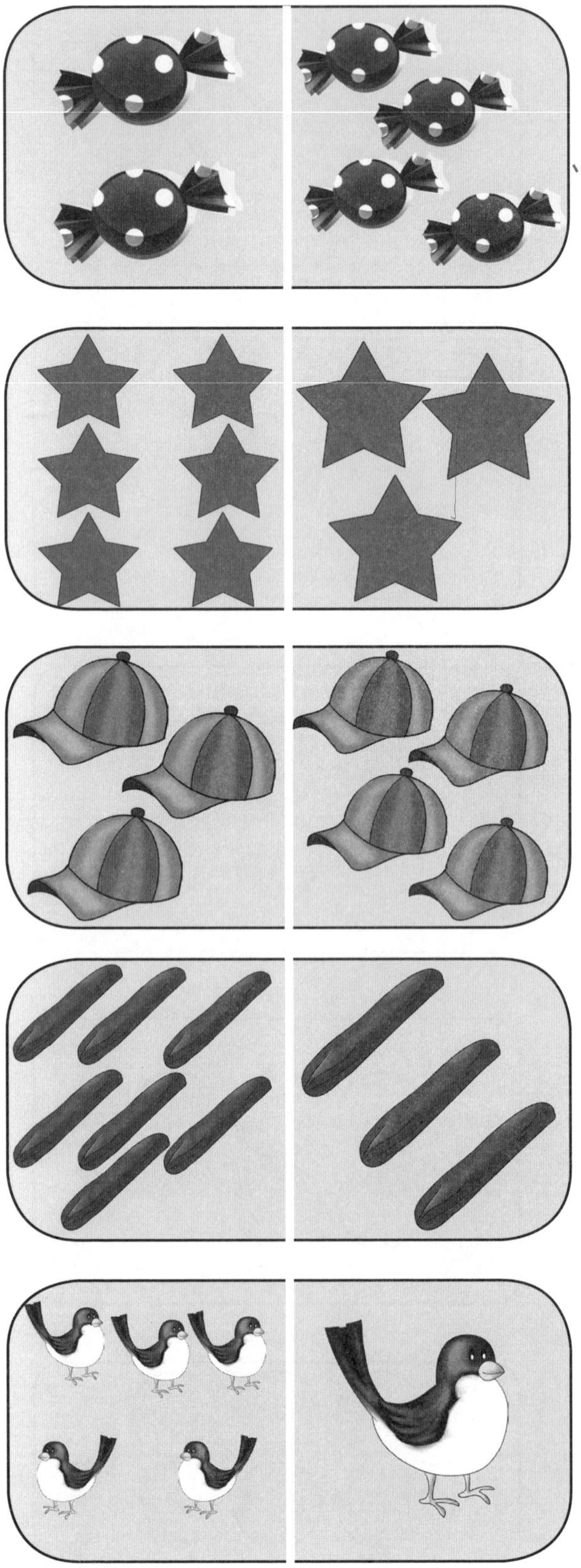

$3 + 4 = 7$

$7 + 3 = 10$

$5 + 1 = 6$

$6 + 3 = 9$

$2 + 4 = 6$

Sesión 4

A. Encuentra y cuenta. Escribe.

Sesión 5

A. Une los puntos. ¿Qué ves?

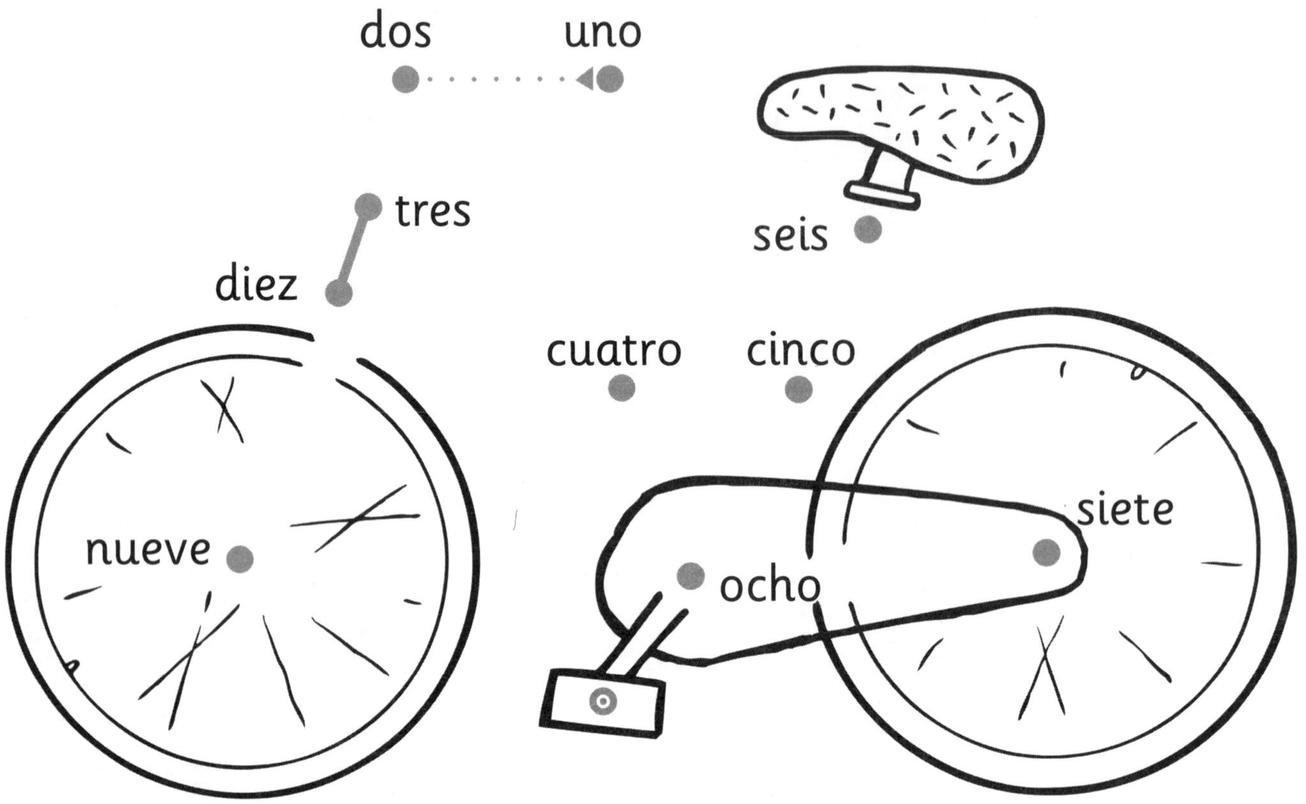

B. Cuenta, suma y escribe.

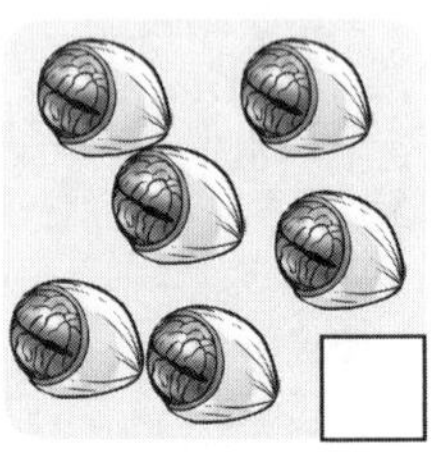 ☐ + 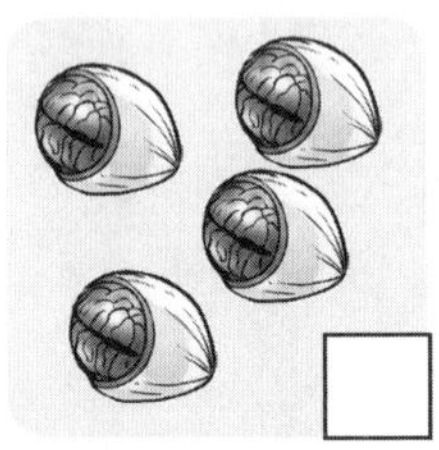 ☐ = ☐

 ☐ + 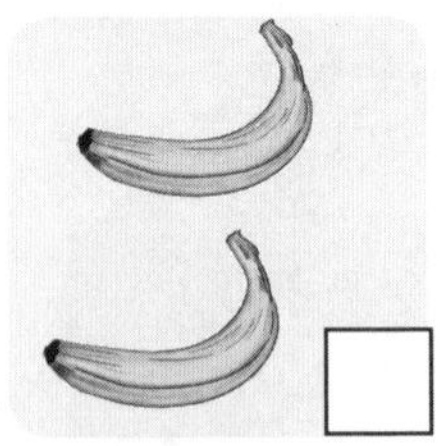 ☐ = ☐

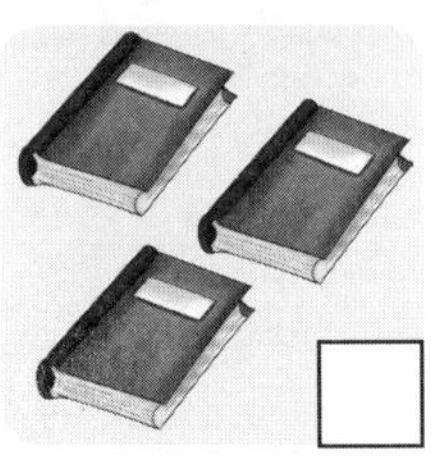 ☐ +  ☐ = ☐

Escribe los números.

1 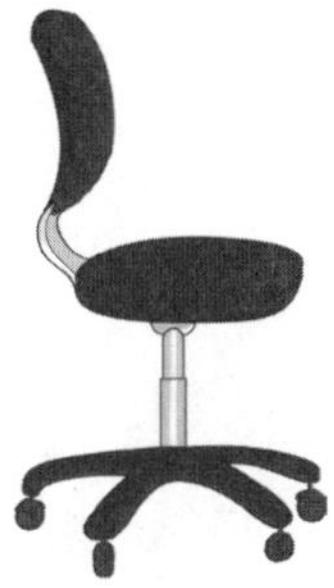

2 

1

2

3 

4 

3

4

5

5

1	2	3	4	5

uno	dos	tres	cuatro	cinco

6

7

6 6 6

7 7 7

8

9

8 8 8

9 9 9

10

10

1

uno

2

dos

3

tres

4

cuatro

5

cinco

6

seis

7

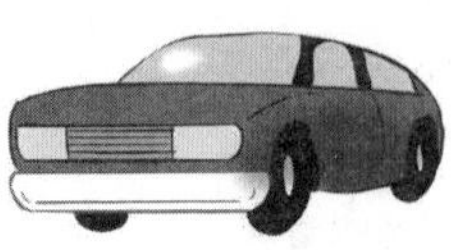

siete

8

ocho

9

nueve

10

diez